022

기후정의선언
2021

기후정의포럼 지음

 한티재

차례

기후정의선언에 부쳐

한국 사회에서도 '기후정의'를 주장하는 목소리가 터져 나오고 있다. '기후운동'이 아니라 '기후정의운동'이라 말하는 이들도 많아지고 있다. 기후위기가 가시화되고 긴급 대응의 절박함이 커질수록, 정부와 기업들의 의지 부족과 무능력이 두드러질수록, 지금까지와는 다른 접근이 필요하다고 느끼는 이들이 늘어나기 마련이다. 기후위기가 이 사회 불평등의 위기와 무관하지 않다고 느끼는 사람들에게 '기후정의'는 좋은 이정표가 되고 있다.

그러나 아쉽게도 한국 사회에서 '기후정의'가 무엇인지를 명확히 밝히는 글은 부족하다. 2011년에 잠시 결성되었던 '기후정의연대'의 출범 선언문이 있지만, 현재의 기후정의운동을 인도하기는 어렵다. 심지어 혼란도 존재한다. 과거 배출권 거래 제도를 지지했던 이들이 자신들의 캠페인을 '기후정의'라 부르기까지 한다. 기후위기는 불평등한 사회의 위기이고 민주주의의 위기이다. 이 위기는 현재의 자본주의적 성장 체제를 변혁하지 않고서는 해결이 불가능하다. 기후정의운동은 이를 말하는 데 주저하지 않아야 한다. 따라서 기후정의운동의 방향을 보여 줄 '깃발'과 같은 글이 필요하다.

기후운동에서 온실가스 감축을 위한 (특히 기술적·경제적) 방안에 대한 논의는 상대적으로 풍성한 데 비해, 기후위기의 사회적·정치적 차원에 대한 논의는 크게 부족했다. 또한 기술적·경제적 차원의 논의는 시장주의, 성장주의, 기술주의적 편향을 가지고 있었다. 그 공백을 메우고 편향을 바로잡을 필요가 시급했다. 이에 따라 기후정의선언은 기후위기 대응에 있어 기후정의라는 원칙과 방향을 부각시키는 데 초점을 두었다. 이 선언은 기후위기 관련한 모든 해법을 제시하려는 것은 아니다.

한국 기후정의운동에 대한 문제의식을 가진 이들이 모인 '기후정의포럼'은 올해(2021년) 초부터 시작하여 6개월 동안 토론,

집필, 검토의 과정을 거쳐 선언문을 만들어 냈다. 이 선언문 작업에 참여한 이들은 각기 다양한 역사와 경로, 위치에서, 똑같지만은 않은 방식으로 기후정의운동에 참여해 왔다. 기후정의 원칙에 공감하는 부분은 크지만, 강조점에 차이가 있고, 토론이 필요한 이견들도 있다. 따라서 그것을 확인하고 또 토론을 통해서 해소하는 과정이 필요했다. 그러나 모든 참여자는 이 작업이 기후정의운동의 진전에 불가피하며, 또 필요한 일이라 생각했다. 이번 선언문 작업에서 충분히 이루어지지 못한 부분은 이후 토론을 통해 보완하고 수정해 가야 할 것이다.

불완전함에도 불구하고 우리는 이 선언문이 한국 기후정의운동의 방향타가 될 수 있기를 희망한다. 기존의 기후운동, 그리고 무관심했던 여러 사회운동에 대한 매서운 비판과 도전이 될 수 있기를 바란다. 또한 기후위기만이 아니라 불평등과 민주주의의 위기를 넘어서려는 많은 운동들과 연대의 고리를 만들어 내기를 기대한다. 많은 이들이 읽고 토론하여 운동의 진전을 위한 자양분이 되기를 소망한다. 다시 강조하지만 우리는 이 선언문에 오류가 없으며 완결되었다고 주장하지 않는다. 비판과 수정, 보완 제안은 언제나 열려 있다. 이 선언문을 (그리고 우리의 목표를) 완성해 나가는 일은 이번 작업에 참여했던 우리만이 아니라, 기후정의운동에 참여하는 모든 이들의 몫이 되어야 할 것이다.

2021년 9월 3일
기후정의포럼
(강동진, 구준모, 김상현, 김선철, 이현정, 채효정, 한재각)

테제 1.
전대미문의 기후위기에 맞서
새로운 기후정의운동을 발전시켜야 한다.

우리는 기후위기 속에 살고 있으며, 기후재앙을 향해 맹렬히 돌진하고 있다. 이미 다양한 기후위기의 '증상'을 경험하고 있다. 2020년, 한반도 남쪽에서 경험한 50일이 넘는 장마와 8천 명의 이재민이 발생한 수해는 수많은 피해 중 하나일 뿐이며, 해마다 비극적인 뉴스가 쌓이고 새로운 기록들이 탄식을 자아내고 있다. 호주와 미국 캘리포니아를 뒤덮은 산불이 수억의 생명을 앗아갔던 기억은 전 세계를 휩쓸고 있는 코로나19 팬데믹으로 인해서 까마득한 과거 일처럼 느껴진다. 그러나 코로나 위기와 기후위기는 긴밀히 연결되어 있다고 점점 더 많은 사람들이 깨달아 가고 있다. 당연하다는 듯이 올해에도 세계 곳곳에서 이상 기후들이 지구상의 가장 가난한 이들부터 갈가리 찢어 놓고 있다. 미국 텍사스에 불어 닥친 한파와 대규모 정전 사태, 북미·남유럽·시베리아 등 세계 곳곳에서 타오르는 산불, 독일·중국·인도 등에서 벌어진 대홍수, 그리고 남반구 국가들의 머리 위로 쏟아지는 수많은 기후재난은 수억 민중의 삶을 위협하고 있다.

2015년 파리협정은 전 지구 평균 기온 상승을 2도 아래로, 그리고 가능하면 1.5도 이내로 막아야 한다는 목표를 정했다. 2도 목표를 주장하던 북반구 국가들의 무사태평에 맞서, 태풍과 홍수 등의 피해가 가중되는 남반구 국가들이 1.5도 목표를 주장하고 투쟁한 결과다. 이어 2018년 IPCC는 1.5도 특별보고서를 발표하면서, 2도가 아닌 1.5도 목표를 지향할 필요성을 보여 주었다. 그리고 2050년 이전에 전 지구적 '탄소중립'에 도달할 것을 권고했다. 그러나 이것마저 보수적 전망에 기반을 둔 것이다. 2021년 8월에 발표된 IPCC 6차 보고서에 의하면, 그들이 검토한 최선의 시나리오에서도 2040년 이전에 1.5도 상승이 이루어지고 2060년까지는 1.6도까지 도달할 것이라고 분석하고 있다. 기후와 인류의 미래를 둘러싼 불확실성은 더욱 커지고 있으며, 많은 과학자들은 다급한 경고의 강도를 계속

높이고 있다. 1.5도씨 목표를 지켜 내는 것이 쉽지 않은 일이라는 점이 점점 분명해지고 있지만, 매 0.1도씨가 더 오를 때마다 지구생태계의 붕괴와 그에 의존하는 전 세계 민중의 고통은 더욱 가중된다는 점을 명심해야 한다.

기후위기가 심화할수록 그에 맞선 기후정의운동도 불타오르고 있다. 기존의 방식으로는 문제를 해결할 수 없다고 지적하고 체제 전환을 호소하는 기후정의 활동가 그레타 툰베리, 점거와 봉쇄 등 시민들의 직접행동으로 각성을 촉구한 영국의 멸종반란, 화석연료 기업과 구태의연한 정치인들을 타깃으로 한 미국의 선라이즈 무브먼트에서부터 아프리카와 남미, 동남아와 남태평양 섬나라들에서까지 세계 곳곳에서 기후정의를 위한 싸움이 늘어 가고 있다. 최근 북미의 원주민들은 송유관 건설 반대 운동을 통해 화석연료의 추가 채굴을 막았다. 이런 운동들은 제3세계에서 시작한 민중 중심의 기후정의운동에 빚지고 있다. 2002년 인도네시아 발리에서 채택한 27개 항의 '발리 기후정의 원칙'부터 시작하여, 2004년 남아프리카공화국 더반에서 '탄소 거래에 관한 더반 선언'이 발표되었으며, 2007년 COP14가 열린 인도네시아 발리에서 '지금 기후정의를!(Climate Justice Now!)'이라는 국제연대체가 결성되었다. 또한 2010년 볼리비아 코차밤바에서 기후변화 민중총회가 개최되었고, 기후위기에 대한 자본주의와 제국주의의 책임을 묻고 체제 전환의 필요성을 밝힌 '코차밤바 선언'이 채택되었다. 이런 앞선 노력들은 세계 곳곳에 기후정의운동을 싹틔워 왔다.

이제 우리도 기후정의운동을 제대로 키워 나가야 한다. 그리고 우리의 기후정의운동은 그동안 진행되었던 기후운동에 대한 맹렬한 반성과 비판 위에 자리 잡아야 한다.

테제 2.
녹색 성장에 기반을 둔 기후 정책과 운동은 실패했다.

기후변화에 대한 과학자들의 연구는 오랜 역사를 가지고 있다. 그러나 시민들과 정치가들이 기후변화에 관심을 가지기 시작한 것은 1980년대에 들어서부터였다. 그 관심이 1988년 IPCC(기후변화에 관한 정부 간 패널)의 설립과 1992년 유엔기후변화협약의 체결로 귀결되었다. 이후 기후변화는 국제기구의 공식 의제가 되고 각국의 정부 정책 대상으로 제도화되었다. 안타깝게도 기후정치와 정책이 형성되던 그 시기는 탈규제 자본주의, 신자유주의가 득세하던 때였다. 불행하게도, 커져 가는 기업 권력과 시장 근본주의가 국제사회와 각국의 기후위기에 대한 합리적 논의를 가로막았다. 기후운동도 마찬가지였다. 나오미 클라인이 『이것이 모든 것을 바꾼다』에서 지적했듯이, "기후운동에 몸담은 대부분의 단체들은 … 시장 그 자체로 이 문제를 해결하는 방안을 적극 옹호하느라 귀중한 세월을 허비했다."

유엔기후변화협약을 체결한 이후 지난 30년간 전 지구의 온실가스 배출량은 지속적으로 증가해 왔다. 온실가스 감축의 대표적 수단으로 거론되는 재생에너지 이용 확대에 대한 오랜 주장, 그리고 세계 각국의 정책에도 불구하고 큰 진전은 없었다. 2020년 세계 에너지 소비 중 풍력과 태양광 같은 현대적 재생에너지가 차지하는 비중은 2%에 불과하다. 화석연료는 여전히 세계 에너지 소비의 80%를 차지하고 있다. 에너지 전환의 선두 주자라는 유럽연합에서도 전력 생산 중 현대적 재생에너지가 차지하는 비중은 16%로, 핵에너지보다도 작다. 반면 1998년과 2018년에 세계 전력 생산 중 석탄이 차지하는 비중은 38%로 동일하다. 지난 30년 동안 에너지 전환은 매우 더디게 진행되었다. 제대로 된 전환은 일어나지 않고 있다.

많은 사람들은 기후위기 해결의 방향은 명확한데, 정치인들이 더 야심찬 목표를 설정하지 않기 때문에, 그리고 더 적극적인 정치적 의지를 가지지 않기 때문에 문제라고 분석한다. 그러나 우리는 여기에 의문을 가지고 있다. 더 야심찬 목표와 더 적극적인 정치적 의지가 있어야 하는 것은 분명하지만, 그 방향이 올바른지 물어야 한다. 우리가 보기에는 엉뚱한 방향을 향해 달려갈 수도 있기 때문이다. 오늘날 전 지구적으로 지배적인 관점은 녹색 성장을 통해 지속가능한 자본주의가 가능하다는 것이고, 그 결과로 시장주의, 성장주의, 기술주의 해결책들이 제시되고 있다. 배출권 거래제와 탄소 시장을 도입하고 탄소에 가격을 매기면, 시장의 효율성이 새로운 기술들을 등장시켜 문제를 해결할 것이라고 기대했다. 그러나 그런 기대는 실현되지 않았다. 1992년 유엔기후변화협약이 체결된 이후, 지난 30년 동안 온실가스 배출이 증가한 만큼이나 기업 권력은 더욱 강화되었고, 제시된 기후 정책들은 변죽을 울리는 것이 대부분이었다. 경제성장을 지속하면서 기후위기를 해결할 수 있다거나, 기후위기를 시장의 실패로 보는 시각은 잘못되었다. 시장의 실패가 아니라 체제의 실패이고, 체제를 바꿔야 문제가 해결된다.

시장주의, 성장주의, 기술주의와 결별하지 않는 문재인 정부가 기후위기를 해결하기 힘들다는 점도 마찬가지다. 거창하게 그린뉴딜과 탄소중립을 내세우면서 노후 핵발전소와 석탄발전소를 폐쇄하고 재생에너지를 확대하는 정책을 채택했다고는 하지만, 과거 이명박 정부가 추구했던 '녹색 성장' 정책과 다르다고 주장할 수 없다. 에너지 전환을 한다면서 그 내용은 사실상 대기업과 산업계를 지원하는 정책들로 구성되어 있다. 재벌들의 신규 석탄발전소는 계속 건설되고 있으며, 가덕도 신공항도 개발 논리에 따라 추진 중이다. 이런 그린뉴딜은 미사여구, 그린워싱에 지나지 않는다. 이제는 녹색 성장을 넘어서는 새로운 기후 정책이 필요하다. 한국의 기후운동은 기업 권력과 시장주의 문제에 주목하고, 체제 전환을 목표로 하는 기후정의 운동으로 발전해야 한다.

테제 3.
기후위기는 인류가 만들어 낸 것이 아니라,
자본주의 경제성장 시스템이 빚어 낸 결과이다.

기후과학자들은 기후변화를, 인류에 의해서 배출된 인위적 온실가스가 대기 중에 과다하게 축적된 결과라고 설명하고 있다. 가장 비중이 커서 대표적인 온실가스로 평가받는 이산화탄소는 18세기 산업혁명을 시작하면서 점차 그 규모를 확대해 온 석탄, 석유, 천연가스와 같은 화석연료의 연소 때문이다. 또한 산업화한 농축산업의 성장 과정에서 대규모로 배출되는 아산화질소와 메탄, 그리고 근대 산업을 뒷받침하기 위해서 사용된 화학물질 중의 일부도 기후변화를 가속화하였다. 즉, 기후변화는 근대 산업문명에 의해 인위적으로 배출해 온 과도한 온실가스 때문이라는 설명이 널리 받아들여지고 있는 것이다. 기후변화에 대응하기 위한 전 지구적 협력체계인 기후변화협약은 이런 기후과학자들의 목소리가 담긴 IPCC 보고서 등의 내용에 기초했으며, 이는 트럼프 전 미국 대통령 같은 기후 부정론자가 아니라면 모두 수긍하는 설명이다.

우리는 이러한 과학적 설명에 동의하지만, 이 설명들이 부분적인 진실만을 담고 있다고 생각한다. 근대 산업문명을 시작하고 경제성장을 추구하면서 생산과 소비 과정에 화석연료를 쏟아붓게 만든 강력한 동기이자 메커니즘인 자본주의 체제를 이야기하지 않고서는 이런 설명은 온전한 것이 될 수 없다. 기후위기는 끊임없이 이윤을 추구하는 자본주의 성장 시스템에 의해서, 채굴주의 방식으로 자연을 착취하며 온실가스와 같은 폐기물을 자연에 쏟아 낸 결과이다. 이는 북반구의 선진 자본주의 국가에 의한 남반구 국가와 민중에 대한 착취와도 겹친다. 구체적으로 누가 배출했는지 살펴보면 분명해진다. 생산단계에서 볼 때 전 지구적으로 활동하는 초국적 기업들이 온실가스의 대부분을 배출해 왔으며, 소비단계에서는 가장 부유한 자들이 낭비적인 사치를 통해서 엄청난 온실가스를 쏟아 냈다. 그런 점에서 기후변화는 '인류세'의 현상이라기보다는 '자본세'에 의해서 만들어진 재난이다. 이런 설명 방식의 변화는 누구의 책임이며, 무엇을 어떻게 바꿔야 하는지에 대한 관점을 바로잡아 준다. 기후정의운동은 기후위기를 인간 본성의 불가피한 결과라거나 혹은 인류 모두의 책임이라는 설명을 거부하며, 자본주의 성장 시스템 자체를 변혁하지 않고서는 해결할 수 없다고 강조한다.

또한 기후위기는 지구가 닫힌계(closed system)로서 적절한 순환 구조를 유지해야 함을 무시한 데에서 비롯했다는 생각이 널리 인정된다. 인류는 화석연료가 형성되는 데 걸린 시간과 비교할 수 없을 정도로 짧은 시간 동안 그것을 채굴하고 사용하였다. 대기 중에 쏟아 낸 온실가스는 이 과정에서 발생한 부산물이며, 이 영향을 생각하지 않고 화석연료를 마음껏 써 온 결과 지구 시스템 내의 탄소의 순환 고리를 급속히 왜곡시켰다. 이 때문에 발생한 재앙이 기후위기이다. 그러나 물질의 흐름이 생산–소비–폐기의 순서를 거쳐 선형적으로 끝나는 것은 자본주의 경제에서 불가피하다는 인식이 필요하다. 기후위기와 더불어, 생물다양성의 붕괴는 인류가 지속적인 생산과 소비의 성장 모델에 기초해 발전시킨 현대 자본주의 경제 때문이다. 지구상의 무언가를 꺼내 자원으로 사용하는 것만을 중시한 자본주의 경제는 선형·추출 경제라고 이름 붙일 수 있다.

기후위기를 설명하면서 자본주의 사회경제체제에 의한 구

조적 효과를 생략한 채 배출된 온실가스에만 초점을 맞추는 '탄소 환원주의' 설명도 반대한다. 이런 설명은 대기 중의 (이산화)탄소량(혹은 농도) 증가 혹은 감소에 집중하도록 하면서, 화석연료 사용을 줄이는 대신에 탄소를 대기로부터 뽑아내는 '흡수원'에 기대려는 시도를 정당화하고 있다. 이제 '흡수원'으로 지목되는 숲과 바다는 다양한 기능과 고유한 가치는 무시되고, 얼마나 탄소를 빠르게 많이 흡수하느냐에 따라서 평가되고 교체·조정되어야 하는 부속으로 바뀔 수 있다. 이런 공학적 발상은 지구에 들어오는 햇빛의 양 자체를 줄이려는 위험천만한 시도로 확장되고 있다. 또한 '탄소 환원주의'는 '탄소 가격 제도'와 같은 시장주의 접근을 가능하게 하는 인식의 기반이 되기도 한다. 흡수하거나 감축하는 탄소량에 따라서 가격이 매겨지면서, 허구적인 상품인 배출권이 만들어지고 숲과 바다는 탄소 흡수량에 따라서 가격이 매겨지면서 시장에서 거래된다. 대기중 탄소량을 줄인다고 주장만 할 수 있다면, 무엇이든 허용되는 '우울한 신세계'가 만들어지고 있는 것이다.

테제 4.
기후위기는 우리 모두의 책임이 아니라, 민주주의의 실패로 인식되어야 한다.

과학자들은 마지막 빙하기가 물러나고 평균기온 14~15도를 유지하는 상대적으로 온화한 기후를 보여준 홀로세가 인류가 문명을 이룰 수 있는 조건을 만들어 냈다고 설명하고 있다. 즉, 지금껏 누려 왔던 기후는 모든 인류의 생존과 번영을 위한 공유물(Commons)이라고 말할 수 있다. 그러나 자본주의, 성차별주의, 인종주의, 군사주의와 얽혀 있는 경제성장 체제에서 그 공유물이 급속히 훼손되어 사라지고 극단적인 기상에 직면하면서, 많은 사람들과 비인간 생명들의 생존이 점점 위태로워지고 있다. 그래서 청소년 기후활동가 그레타 툰베리에서 프

란치스코 교종까지, 많은 이들이 우리 모두의 집, 지구 행성에 커다란 위기가 다가오고 있다 말한다.

그러나 '기후 공유물'을 누가 파괴해 왔고, 그로 인해서 누가 피해를 보는가? 기후위기를 설명하면서 이에 대해서 답하지 않고는 그 실체를 온전히 이해할 수 없다. 가중되는 기후변화로 삶의 터전을 잃고 급기야 난민의 길에 올라야 하는 많은 사람들은 지금까지 대기 중에 쏟아진 엄청난 온실가스에 대해 거의 책임이 없는 이들이다. 이런 이들을 대변하여 원주민 운동가들은 "우리는 기후변화를 초래하지 않았는데도, 원주민 토지 곳곳에 명확하게 나타나고 있는 것처럼 기후변화가 가져오는 최악의 영향으로 고통받고 있다"고 호소하고 있다(원주민 기후변화 국제포럼, 2007). 기후정의운동은 우리 모두의 집에 불이 났다는 비유에 동의하지만, 그 책임이 인류 공동체 모두에게 있다는 시각에 단호히 반대한다.

그럼 누가 누구에게 책임을 져야 하는가? '지속가능한 발전' 담론이 주입한 관념의 영향으로 '미래 세대'에 대한 '현 세대'의 책임을 강조하는 이들이 많다. 18세기 산업혁명 혹은 보다 최근인 1950년대 이래의 '거대한 가속화'를 통해서, '현 세대'가 '탄소예산'을 다 써 버린 탓에 '미래 세대'에게 남겨진 '탄소예산'은 거의 없을 뿐만 아니라 그들이 누려야 할 '기후 공유물'이 파괴되었다고 설명한다. 그러나 탄소예산을 다 써 버린 '현 세대'란 주로 북반구 국가들의 백인 남성 부유층에 국한될 뿐, 세계 평균 배출량에도 못 미치며 세계 인구의 절반 이상을 차지하는 노동자, 농민, 여성, 원주민 등은 '미래 세대'만큼이나 기후위기에 대한 책임이 없다. 그리고 그들은 부유한 언론들이 열심히 걱정해 주는 '미래 세대'와는 다르게, 지금 당장 여기에서 재난에 직면해 커다란 고통을 겪고 있다.

우리는 기후위기가 자본주의 성장 체제의 결과라는 점과 함께, 대다수 사람들의 목소리를 제대로 반영하지 못하고 있는 현행 민주주의의 실패의 결과라고 생각한다. 기후위기의 심각성과 시급성을 제대로 인식하지 못하는 정치 체제는 그로부터 피해를 받고 있는 대다수 사람들의 곤경에 관심을 두지 않고 있다. 또한 그 책임이 다배출 기업들과 부유한 계층에 있다는 것을 인정하고 규제하기를 꺼리고 있다. 실패한 민주주의는, 기후위기를 인정하더라도 그 책임을 우리 모두의 것이라고 설명하면서 위기 극복을 위한 정의로운 해법을 가로막고, 심지어 기후위기를 '재난 자본주의'의 밑천으로 삼으려는 시도를 뒷받침하기에 바쁘다.

테제 5.
불평등은
당면한 기후위기의 원인이자 결과이다.

    기후위기를 야기하는 직접적인 원인인 온실가스 배출의 불평등은 극적이다. 2020년 옥스팜 보고서에 따르면, 2015년 전 세계 1인당 평균 이산화탄소 배출량은 4.8톤이다. 하위 50% 소득 계층은 이 평균에도 한참 못 미치는 1인당 0.69톤만을 배출하고 있다. 반면 상위 10% 소득 계층은 23.5톤을 배출하고 상위 1%는 1인당 74톤을 배출했다. 그중에서도 세계 0.1%의 슈퍼리치들의 1인당 배출량은 무려 216.7톤에 달한다. 탄소 불평등은 국가 간 일인당 배출량 격차에서도 뚜렷이 확인된다. 2017년 미국인 한 명이 배출하는 1인당 배출량은 16.21톤이었던 반면, 아프리카의 에티오피아 국민 한 명은 겨우 0.14톤을 배출하고 있었을 뿐이다. 한국의 1인당 배출량은 12.54톤이며, 이는 일본·독일보다 많고, 영국·프랑스의 2배에 달한다. 다른 나라도 마찬가지이지만, 이것은 평균치이며 모든 한국인이 고르게 배출하지 않았다. 이재용 삼성전자 부회장 저택의 한 달 전기요금이 2,400만 원이 넘는다는 보도가 나온 2009년, 전기요금 미납으로 단전된 가구 수는 전국적으로 17만 가구를 넘었다. 부유한 국가와 부자들의 풍요로운 서구적 생활, 즉 비행기 여행, 대형 SUV 차량 이용, 과시적 패션, 하이테크 가전제품, 값비싼 수입 식품과 육류 소비, 기타 낭비적 소비 행태들과 금융 투자와 지대 소득으로 영위되는 생활양식에는 대량의 에너지 소비가 필요하고, 그만큼의 탄소 배출이 뒤따른다. 거대한 불평등이 탄소 불평등을 야기한다.

이는 우연이 아니다. 지금의 지배적인 질서인 자본주의는 그 출발에서부터 지구의 생명체들이 축적해 온 에너지와 지금 살아 있는 존재의 생명 에너지를 발전의 동력으로 삼아 성장해 왔다. 자본주의적 축적과 경제성장은 자연의 노동을 무상화하고, 인간의 노동을 착취하고 무가치화함으로써 이루어진 것이다. 자연과 인간의 불평등, 자본과 노동의 불평등, 서구와 비서구의 불평등, 남성과 여성의 불평등, 도시와 농촌의 불평등은 모두 연결되어 있다. 이러한 불평등은 사회진화의 자연적 결과가 아니며 다수의 생산물을 소수가 착취 독점하기 위해 발전시켜 온 정치적 지배의 결과다. 소수가 다수를 지배하기 위해서는 폭력과 강압이 필수적이다. 부자가 빈자를, 남성이 여성을, 인간이 비인간 동물을 착취하는 방법에는 가부장제와 노예제라는 역사적 기원이 놓여 있다. 이 불평등의 기원은 강압에서 동의로, 폭력에서 계약으로, 불법에서 합법으로 진화해 왔지만 근본 성격은 변하지 않는다. 식민지에서 화석연료에 대한 서구 자본의 폭력적 채굴과 국가 내부에서 자본의 노동에 대한 강도 높은 탄압과 여성에 대한 가부장제적 폭력은 동의 없는 지배를 위한 동일한 양상의 폭력을 나타낸다.

지금 세계 자본주의를 경영하는 지배의 정점에는 기업 권력이 자리 잡고 있다. 기후위기는 기업 간, 국가 간 산업 경쟁으로 화석연료를 과도하게 사용한 것의 결과이지만, 근본적으로는 자본의 탐욕을 제어할 수 있는 힘들이 분쇄되어 사라지고 기업의 정치적 지배력이 강화되어 온 결과다. 특히 전 세계적으로 법과 제도들이 자본의 정치력을 강화하고 노동을 분쇄 해체하는 방향으로 전개되었던 신자유주의의 세계화 시대에, 기후위기는 일국적 차원이나 국가 간 협약으로 통제할 수 없을 정도로 심화되었다. 그러나 지금까지 기후위기와 불평등에 관한 토론은 주로 기후위기가 약자에게 더 위험할 것이라는 결과론에만 치중함으로써, 기후위기를 야기한 '원인으로서의 불평등'을 간과해 왔다. 경제적 양극화와 불평등의 결과에만 주목하게 되면, 그것을 만들어 낸 지배와 피지배의 권력관계 및 점점 극단화하는 정치적 양극화와 불평등의 문제는 주변화되고 비가시화된다. 기업 권력에 대한 규제 및 민주적 통제의 강화가 아니라 ESG 같은 방식으로 기업의 자율 규제와 투자 유인책에 기대는 것은 기업의 영향력을 재강화하여 불평등을 은폐하며 이를 다른 방식으로 재생산한다. 착한 기업인이 될 것을 요구하는 것은 결국 착한 가부장제를 요구하는 것과 마찬가지이다. 이런 방식으로는 기업의 지배구조 변화도, 정치적 권력관계의 변화도 가져올 수 없다. 우리가 원하는 것이 착한 가부장이 아닌 가부장제의 철폐이듯, 우리는 기업이 탈탄소 전환의 주역이 되기를 원하는 것이 아니라 노동자 민중에 의해 민주화되고 통제되기를 원한다.

소수에 집중된 부의 독점과 이에 따른 정치적·경제적 불평등은 민주주의를 위협하며, 민중의 생산과 재생산에 대한 권리를 박탈하고 통제한다. 이윤을 위해 대규모의 자본과 기술이 투입되는 곳에서 민중은 자치와 자급의 기반을 빼앗기고, 인간을 포함한 거주민들은 삶의 주권을 박탈당한다. 기후위기의 결과가 약자를 더 위험하게 만들 것이라는 점은 누구나 인정한다. 그러나 기후위기를 야기한 원인으로서의 불평등을 해소하지 않은 채, 피해자들이 입게 될 결과로서의 불평등을 보완하는 대책만 강구하는 것은, 불평등도 기후위기도 막을 수 없다. 불을 지르는 자는 그냥 둔 채로 불을 끄는 데만 주력하는 것과 같다. 기후위기를 야기한 주범과 불평등 체제를 야기한 주범은 동일범이다. 연결된 불평등을 함께 멈춰 세우지 않고서는 우리는 기후위기를 막을 수 없다.

자원과 노동과 시간에 대한 자본의 약탈과 착취는 계급, 지역, 성, 종 사이의 불평등과 교차하며 동시에 중첩된다. 24시간 돌아가는 착취의 시스템에는 24시간 공급되는 에너지와 24시간 노동하는 존재가 있다. 24시간 이윤을 추출하는 경제는 생명의 시간과 정치를 위한 시간을 약탈한다. 우리는 노동 착취의 개념을 노동가치에 부합하지 않는 부당 임금의 문제로만 보는 것을 넘어, 생명에 대한 착취, 정치적 시간에 대한 착취로서 보다 근본적으로 확장하여 보아야 한다. 그렇게 할 때 차별과 불평등에 저항하는 지상의 거주민(demos) 전체의 연대를 성별, 인종, 국적, 나아가 종의 차이를 넘어 형성할 수 있다.

테제 6.
기후위기 대응이 불평등을
더 심화시켜서는 안 된다.

재난은 약자를 먼저 덮친다. 똑같은 재난이 닥쳐와도 빈자가 부자보다, 여자가 남자보다, 어린이가 어른보다, 비인간 동물이 인간보다 더 위험해진다. 각자가 가진 사회적 권력과 자원의 차이에 따라 재난에 대한 대처 능력도 달라진다. 재난이나 불행이 사람을 차별한다는 것은 그 대응력이 기존의 차별적 관계를 반영하며 드러내기 때문이다. 기존의 불평등이 재난을 통해 드러나고 또 심화되는 것은 과거의 잘못에 대한 시정이 필요한 문제다. 앞으로 새롭게 수립하고자 하는 기후위기 대응책이 기존의 불평등 체제를 유지하고 심화하는 방식으로 이루어져서는 안 된다. 우리는 현재 기후위기 책임 집단이 주도하는 대책들이 부국과 빈국, 부자와 빈자, 북반구와 남반구, 인간과 비인간, 탁월한 전문가와 '무지한' 대중의 구별선 위에서, 계급, 성별, 지역과 세대 간의 불평등한 권력관계를 시정하는 것이 아니라 오히려 강화하고 있다고 본다.

이러한 차별의 선들은 지도 위에서 규칙적 동선으로 나타난다. 쓰레기와 오염 산업, 위험물질은 북반구에서 남반구로 이동한다. 기술과 부채도 북반구에서 남반구로 이동한다. 반대로 기술 사용료와 대출 이자는 남반구에서 북반구로 이동한다. 쓰레기에 대한 처리 비용, 오염 비용은 제대로 지불되지 않지만, 특허권 로열티는 철저히 계산되며, 노동자들의 산노동에서 추출되어 자본가와 투자자들의 수익 배당금으로 이동한다. 선진 자본주의 국가와 글로벌 대기업들이 그렇게 오랫동안 남반구의 자원을 추출하고, 환경을 파괴하고, 노동을 착취해 왔음에도 불구하고, 북반구의 자산가들은 여전히 받을 것이 많고, 남반구 사람들은 여전히 갚아야 할 것이 많다. 값비싼 기술료와 원조를 빙자한 부채는 가난한 나라들의 사회복지를 위한 공공 지출을 금융자본의 이자 소득과 투자 수입으로 전환시킨다. 국가 안에서도 이 불평등의 선들은 도시와 시골, 중심과 주변부에서 정확히 재현된다. 가장 많이 빼앗긴 사람들이 여전히 잃을 것이 많고, 가장 많이 빼앗은 사람들이 여전히 얻을 것이 많다.

아이폰은 캘리포니아에서 세상에서 가장 비싼 창조적 노동으로 '디자인'되어 중국의 폭스콘 공장에서 세상에서 가장 싼 노동으로 '조립'되어 비싼 값에 팔려 나간다. 실리콘밸리의 창조 계급에게 돌아가는 높은 가치는 '노동자들의 무덤'으로 불리는 폭스콘의 열악한 저임금 노동과 교환된 것이다. 창조든 조립이든, 인간 노동이 가해지기 전의 재료들은 어디서 와서 어디로 가는가? 이 놀라운 기술은 콜탄이 매장된 우간다의 숲에서 시작되어, 마지막은 인도나 아프리카의 빈민촌에서 분해되어 끝난다. 그 시작과 끝에는 항상 여성과 아동에 대한 폭력과 범죄, 불법적 강제 노동과 인권유린이 존재한다. '창조경제'나 '문화산업', '비물질 자본주의'를 선도하는 고부가가치 하이테크 상품들의 경로는 대체로 이와 비슷하다.

오늘날 기후위기 대안으로 부상하는 녹색 기술과 녹색 시장 역시 이런 하이테크 산업 모델을 그대로 따르고 있다. 에너지 전환에 필요한 재생에너지 기술, 수소발전 기술, 배터리 기술 등 탈탄소 기술 원천의 대부분을 북반구의 기업들이 갖고 있다. 탄소 포집도, 전기자동차도, 다양한 탄소 흡수원의 개발도 모두 기술과 자본력을 가진 북반구 국가들만 사용할 수 있는 기술 대안들이다. 대표적인 저지대 국가인 네덜란드에서는 해수면 상승에 대비한 수상 이동주택이 천문학적 가격에도 인기를 얻고 팔려 나간다. 독일의 중산층은 내연기관 자동차를 친환경 전기자동차로 바꾸면서 재난 대비를 위한 오프로드용 SUV를 동시에 구입한다. 이런 기술력과 경제력의 격차를 고려하지 않고, 재생에너지 인프라와 탈탄소 기술을 전제로 한 유럽의 탄소 국경세나, RE100, ESG 같은 투자 기준과 평가를 도입하고 요구하는 것은 서구를 중심으로 기후 체제를 새롭게 표준화하며, 또다시 남반구를 기술 식민화와 부채 종속의 위험에 노출시킨다. 이것은 서구 자본주의 발전을 위해 저발전 국가들에게 불리한 시장개방과 자유무역을 요구하고 신자유주의 시대 사회적 구조조정을 통해 서구 금융자본 시장과 금융화 확대를 요구했던 방식과 하나도 다를 바 없다. 선발 자본주의 국가들이 브뤼셀 컨센서스, 워싱턴 컨센서스를 '글로벌 스탠더드'로 수립했던 그 방식 그대로다. 이런 방식이라면, 기술 기반이 빈약한 가난한 나라들은 부유한 나라들이 선점하고 요구하는 환경 기준을 준수하기 위해 다시 기술과 부채에 종속될 것이다.

기술 권력의 격차가 야기하는 불평등 외에 경영 및 평가의 표준화를 통해 야기되는 불평등도 간과할 수 없다. 다국적 평가 회사들이 기업뿐만 아니라 국가와 개인들의 자산과 신용도, 투자가치를 평가하고 가치를 매기듯이, ESG나 RE100도 민간 업체들에서 평가하고 인증한다. 모든 이들의 삶과 직결된 탄소 배출과 사용 문제를 입법과 제도에 의한 규제가 아니라 투자 지표에 맞추도록 기업들의 자발적 실행을 유도한다는 점도 문제지만, 이 평가 기준을 누가 만드는가와 누가 평가하고 누가 평가받는가의 권력관계는 더 핵심적인 문제다.

디지털 기술과 녹색 기술이 이처럼 녹색 식민주의를 구축하는 데 이용된다면, 글로벌 양극화와 불평등은 더욱 심화될 것이다. 녹색 기술이 '녹색'이 되려면 공적 목적으로 개발된 기술의 공공화와 탈상품화, 기술에 대한 민주적 관리 통제가 필수적이다. 우리는 기술 독점 금지와 기술 불평등의 시정을 요구한다. 현재 나타나고 있는 부국과 빈국 간의 백신 불평등은 기후위기 대응 기술 역시 똑같은 양상으로 나타날 수 있음을 예고한다. 백신도, 녹색 기술도, 상품이나 국가안보의 무기가 되어서는 안 되며, 더 많은 이들에게, 더 평등하게 공급될 수 있도록 전 지구적/일국적 차원에서 민주적 공공 관리의 원칙을 수립해야 한다. 정의와 평등, 민주주의 원칙이 전제되지 않는 탈탄소 기술은 자본의 새로운 수익원이 될 것이며, 불평등을 더욱 심화할 것이다. 우리는 국가의 공공 재정이 막대하게 투입된 기술의 결과물이 상품화·사유화·독점화되는 데 반대하며, 기술과 자본에 대한 공적 소유와 민주적 통제를 요구한다. 이런 원칙을 지구적 수준에서 관철해야 하며, 그러기 위해서는 아래로부터의 참여를 통해 민중의 이해가 보장되는 국제 협정을 체결해야 한다. 또한 이런 원칙이 일국적 차원에서도 강제되어야 한다. 이것은 민중적 국제연대의 강화를 통해서 실현할 수 있다.

선진국의 '탄소중립'과 '탈탄소 전환' 성과는 효과적으로 불평등을 은폐하는 수단이 된다. 대표적으로 영국의 탈석탄 정책은 대처 정부의 폭력적인 노조 분쇄를 통해 이루어졌다. '질서 있는 전환'이라 불리는 독일의 에너지 전환도, 알려진 것만큼 정의롭지는 않다. 글로벌 에너지 기업들의 사업 철수와 손실 비용을 엄청난 사회적 재원으로 충당해 주었지만, 이곳에서 철수한 그들은 다른 곳에서 석탄발전소와 핵발전소를 돌린다. 반면에 독일의 옛 탄광 지역의 노조 기반은 와해됐고 지역공동체도 해체됐다. 노동자들에 대한 직업 대체 계획과 국가적 지원 대책이 수립되었지만, 관광도시가 되거나 유령도시로 쇠락한 지역에서 뿔뿔이 흩어져 불용자산처럼 분해된다. 노동자들은 과거와 같은 최강 노조의 단결력과 정치적 협상력을 다시는 회복하지 못했다. "탈탄소 사회로"라는 슬로건이 이처럼 자본의 재강화와 노동의 무력화로 새로운 불평등을 야기하고 은폐할 수 있음을 놓치지 말아야 한다. 비슷하게 유럽의 재생에너지 촉진 정책이 에너지 시장 자유화, 글로벌 에너지 시장 확대, 그리고 에너지 산업 경쟁력 강화 담론과 맞물려 수립되고 있다는 점도 쉽게 누락된다. 또한 브라질의 축산업은 기후위기 주범으로 지목되고 있지만, 브라질산 쇠고기를 가장 많이 수입하는 곳은 EU이고, 독일은 브라질 쇠고기를 가장 많이 소비하는 나라다. 브라질 최대 축산기업의 최대 투자자는 네덜란드의 라보 은행이다. 프랑스는 핵발전을 폐기할 계획이 없으며, 유럽의 '깨끗한 에너지'를 위한 광물자원 대부분은 유럽 바깥의 '더러운 금속'에서 나온다.

채굴지의 노동 착취, 폭력과 범죄뿐만 아니라 탈탄소 경제의 핵심 자원인 희귀 광물을 둘러싼 군사적 긴장도 날로 증폭되고 있다. 이런 채굴 활동은 자본과 기술력의 우위에서만이 아니라 군사적 우위에서 가능한 것이다. IT경제의 동력원인 배터리 저장 장치의 원재료는 모두 '광산'에서, 변하지 않는 노동력 착취를 통해 채굴된다. 서구의 비물질 자본주의는 서구 바깥의 광산에서 시작된다. 재생에너지 기술도 마찬가지다. 채굴 없는 청정에너지는 존재하지 않는다. 북구의 깨어 있는 시민들이 전기자동차를 구입할 때마다, 남반구의 채굴지에선 땅이 파헤쳐지고 물이 오염되며 군사적 위험이 고조된다. 과거 원유 생산 지대를 따라 나토 전투기가 출현하고, 가뭄 지역을 따라 유럽 국경방위계획의 드론이 출현하는 것처럼, 희귀 광물 매장지는 내전과 쿠데타, 군사 충돌과 민간인 학살이 일어나는 국제정치의 격전장이 되고 있다. 기후 에너지 문제는 안보 문제와 밀접히 관련되어 있다. '에너지 전환'을 단지 동력 전환이 아니라 에너지의 채굴, 생산, 소비의 방식을 전환하는 과정으로 생각하지 않으면, '기후-에너지-안보' 동맹은 새로운 군사주의적 위험으로 등장할 것이며, 국제적 불평등을 낳을 것이다.

테제 7.
기후위기 최전선에 있는 당사자들은
구호 대상이 아니라 탈탄소 전환의 주체다.

기후위기 최전선에 선 민중과 공동체(MAPA: Most affected People and Areas)를 이야기하지 않고 기후위기의 해결을 말하는 것은 부정의다. 기후위기 최전선 민중과 공동체에는 좌초 산업의 노동자와 농민을 비롯하여 여성, 아동·청소년, 노인, 무산자, 실업자, 비시민적 존재들이 포함되며, 지금과 같은 대규모의 전 지구적 기후위기 상황에서는 사실상 10%의 안전 특권층을 제외한 사회 구성원 대다수가 여기에 포함된다. 하지만 이 존재들은 사회의 공적 토론에서 매번 누락되고 있고, '탈탄소화' 과정에서도 탄소와 함께 퇴출의 대상이 되고 있다. 그러나 이들이 주체가 되지 않고서는 탈탄소 전환은 부정의할 뿐만 아니라 불가능하다. 노동자를 배제하고 에너지와 산업 전환은 가능한가. 농민 없이 먹거리 보장이 가능한가. 성평등 없이 사회의 재생산은 가능한가. 아동과 청소년 없이 미래는 가능한가. 무산자와 실업자를 배제하고 사회는 안녕할 수 있는가. 이웃 없이 평화로울 수 있는가. 이들이 탈탄소 전환의 목적이며 가능성이다.

지금 기후위기는 여성에게 더 위험하다. 여성이 신체적으로 취약해서가 아니라 구조적으로 취약하기 때문이다. 전쟁이나 재난이 여성을 먼저 덮치는 것과 똑같은 이치로, 산업 전환 과정의 구조조정에서도 여성이 먼저 해고와 실직의 위험에 처하게 된다. 우리는 IMF 때, 여성 노동자들이 가장 먼저 해고되고, 재취업 시 경력과 단절되어 임금과 처우가 하락하게 되며 불안정 저임금 노동시장 직군을 광범위하게 형성하는 과정을 똑똑히 보았다. 노동시장의 새로운 규칙들은 기존의 가부장제적 노동시장과 임금체계를 해체했지만, 여성 노동자를 잉여화하고 열악한 노동조건과 돌봄 노동의 이중 부담을 전가함으로써 새롭게 변형된 가부장제를 만들어 냈다. 우리는 코로나19 상황에서 이와 똑같은 방식으로 여성에게 사회적 책임을 전가하고 이중적 고통을 지우는 것을 목격했다. 여성 농민에게 기후위기는, 작물을 돌보고 생산하는 데 더 많은 시간과 노동이 요구되나 생산은 이전보다 질적·양적으로 감소하는 것을 의미한다. 코로나19 위기를 통해 확인된 바와 같이 자본주의 사회의 위기 상황에 가장 먼저, 그리고 가볍게 사라지는 것이 가부장주의 노동 체계 밖에 있는 여성들의 가내 노동과 경작 노동, 돌봄 노동이다. 아동 청소년 위기와 노인 위기는 여성의 위기와 떼려야 뗄 수 없이 연결되어 있다.

기후위기가 야기하는 국제적 불평등의 선들은 난민의 경로를 통해 점점 선명해지고 있다. 난민은 기후 불평등의 진실을 드러내는 존재다. '검은 황금의 저주'는 '가뭄과 물과 식량의 저주'로 바뀌었다. 기후 난민의 엑소더스는 이제 유럽의 앞바다까지 밀려왔고, 해마다 수천 명의 난민이 지중해에 빠져죽는다. 우리는 EU와 미국 등 선진국들이 기후 에너지 문제를 안보 의제로 설정하면서 난민을 지구의 공동 거주민으로, 동료 시민으로 생각하지 않고, 제거해야 할 위험 요인이자 자국의 시민들을 위협하는 인간 재난으로 규정하는 국경 정책에 분노한다. 이러한 '기후 국경 정책'은 새로운 냉전 질서를 구축하며 내부의 정치를 우경화하는 데에도 기여한다. 기후 난민은 한국에서도 더 이상 남 일처럼 여길 수 있는 문제가 아니다. 제주도에 들어온 예멘 난민 보트는 시작일 뿐이다. 중동 지역의 기근으로 인한 식량위기는 더 이상 남의 문제가 아니다. 오스트레일리아 북단의 쓰레기 섬 나우루처럼, 한반도 남단의 제주도도 관광 자원이 고갈되고 경제적 가치를 잃게 되면 쓰레기 처리장과 '난민 처리장'으로 '재활용'될지 모른다. 강정 해군기지는 여러 용도의 군사시설이다.

게다가 세계 최극빈국과 선진국 반열에 오른 G7 초청 국가가 한반도의 북과 남에 동시에 존재한다. 기후재난이 가난한 곳부터 덮쳐 온다면, 북쪽에서 먼저 재난의 피해자들이 발생할 것이다. 한반도의 군사적 긴장도 고조될 것이다. 이남의 제조업 생산기지 일부를 이북으로 이전하려 했던 남북경협 정책은 어떤 식의 '남북 기후 협력' 모델로 재탄생할지 모른다. 평화 공존과 정의와 평등의 원칙을 세우지 않는다면, 이 모델 역시 내부 식민지화로 귀결될 것이다. 우리는 세상에서 가장 이산화탄소를 적게 배출하는 나라, 1인당 에너지 소비량이 최저 수준에 있는 나라, 국방 예산 규모가 한국의 음식물 쓰레기 처리 비용보다 낮은 나라, 해마다 재해로 타격을 받고 절대적 에너지 부족과 식량 부족을 겪고 있는 나라를 휴전선 너머에 두고 있다. 현재 에너지 전환과 기후위기 대응 전략에서 이 북쪽의 공간은 정전된 암흑 지대처럼 캄캄하다. 기후위기 대응과 에너지 전환 계획을 한반도 전체로 확장해서 생각해야 한다. 재생에너지 확대를 명분으로 도입하는 에너지 자유화와 시장화가 북과 남의 '빛 없는 사람들'을 더욱 궁지로 내몰 가능성을 우려해야 한다.

테제 8.
분배의 정의보다
생산의 정의가 더 중요하다.

'어떻게'는 기술적 방법에 대한 물음으로 축소되어선 안된다. '어떻게'는 정치적 방법에 대한 물음으로 나아가야 한다. 어떻게 평등하고 정의로우며 민주적인 방법으로 전환해 나갈 것인가가 기술적 해결 수단보다 훨씬 더 중요하다. 불평등을 시정하는 관점은 분배의 몫을 조정하는 것이 아니라 생산관계와 지배관계를 근본적으로 어떻게 바꿔 나갈 것인가에 초점을 두어야 한다. 그래서 기후위기 해결의 주류적 접근이 가진 경제주의적 관점과 탈정치화 경향을 우려한다. 탈정치화한 경제학과 사회학은 불평등의 문제를 정치적 지배관계가 아니라 개

인들 간의 분배적 공정성의 문제로 환원하며 사회를 이해관계
자들의 집합체로, 정치적 행동을 이해당사자들 간의 이합집산
하는 집합행동으로 전환한다. 자유주의 정치는 늘 분배를 통해
불평등을 해소하고자 한다. 정치적 경합에서 가치와 이념 및
세계관의 대결 대신 사안별 입장 간의 조정과 적정선의 합의
모델을 추구한다. 중간계급은 지배 권력의 위탁 대리자이자 중
재 권력의 역할을 수행한다. 외형적으로 민주주의처럼 보이는
자유주의적 합의 정치는 성장주의 경제와 분리 불가의 쌍을 이
루며, 분배의 몫을 둘러싼 경쟁을 중요한 정치적 쟁점으로 만
든다. 경제주의적 기후위기 담론 역시 피해의 분배와 이익의
분배에 몰두한다.

여기서 첫 번째 불평등은 똑같은 재난 상황에서도 누군가는
피해를 분배하고 누군가는 이익을 분배한다는 것이다. 코로나
19 재난 시의 분배에서도 나타났듯이, 산업 전환에 따른 피해
는 노동자들이 나누어야 하지만, 전환에 대한 공적 지원과 그
이익은 자본가들이 제일 먼저 나눠 갖는다. 두 번째 진짜 불평
등은 아예 거론조차 되지 않는다. 그것은 분배에 앞서 '생산의
불평등'을 어떻게 시정할 것인가의 문제다. 생산단계에서 '무
엇을, 얼마나, 어떻게' 생산할 것인지를 '결정'하는 권리를 누가
갖고 있는가? 기후위기에서 결정적인 것은 생산단계에서 모두

결정된다. 탄소 배출량도 발전, 산업 부문 등 생산과정의 배출량이 소비과정의 배출량보다 압도적으로 많다. 약탈적 자본이 결정권을 독점할 때 생산은 약탈적 성격을 가질 수밖에 없다. 생산의 불평등 관계를 외면하고 분배의 정의만 논하는 것은, 물이 넘치는데 수도꼭지는 잠그지 않고 배수구만 뚫겠다는 기후위기 대안들과 궤를 같이한다. 지금 시급히 필요한 것은 생산과정에서의 압도적 불평등을 시정하는 것이다. 우리는 노동자들이 왜 생산의 결정에서 배제되어 있는지 물어야 하고, 그것이 정의롭지 않으며 기후위기에도 직접적 영향을 미치고 있다고 말해야 한다. 노동 현장의 노동자들이나 식량을 생산하는 농민들이 작업장의 생산과정에서부터 안전을 위협하는 유해 물질과 위험 요인을 통제하고 결정할 수 있을 때, 노동자들뿐만 아니라 다른 시민들과 자연과 인간의 공동체 전체가 안전해진다. 생산단계의 탄소 배출 통제를 위해서는 국가적·국제적 수준의 규제뿐만 아니라 생산 현장의 민주주의와 노동자들의 생산 결정권이 반드시 필요하다.

현재의 탄소중립 담론은 이러한 정치적 권력관계와 생산관계에서의 불평등을 탄소 배출 감축 목표량으로 환원하여 은폐한다. '감축 선언'을 선도하고, '감축 목표량'을 높이는 국가들을 '탈탄소 경제의 모범 국가'로 호도한다. 이런 '탄소중심' 관점은

'탈탄소'를 말하면서도 탄소 사회의 발전과 성장의 문법은 그대로 공유한다. 아미타브 고시는 자유무역협정과 파리협정이 동일한 신자유주의 문법을 공유하고 있으며 환경주의 용어가 '이해관계자'나 '비용', '손익' 같은 경제 용어를 무비판적으로 차용하고 있음을 지적한다. "자유무역협정은 파리협정문이 언급하고 있는 '가속화하는, 유망한, 권능을 부여하는 혁신'의 출처이자 그 문서가 의존하고 있는 수많은 용어—이를테면 이해당사자, 좋은 관례, 예방적 해법, 공적·사적 참여, 기술 발전—등의 출처임이 분명하다."(아미타브 고시 지음, 『대혼란의 시대』, 김홍옥 옮김, 에코리브르, 2021, 204~205쪽)

우리는 국가 개발, 녹색 성장, 기후 안보와 같은 성장의 문법에서 벗어나 '탄소 중심'에서 정의와 평등을 선차적 기준으로 삼는 관점의 이동을 촉구한다. 또한 자본의 산업 전환과 기술 지원이 아니라 최전선 공동체로 정책 수립의 우선 대상을 이동할 것을 요구한다. 탄소 감축에서 정의의 원칙이, 에너지 전환에서 평등과 민주주의 원칙이 우선 수립되어야 한다. 속도와 양만큼 중요한 것은 방향이다. 많은 양을 급속히 줄이는 목표 달성을 최우선으로 하게 되면 지금과 같은 불평등 체제를 유지 심화하고 약자에게 희생과 책임을 전가하는 불의한 전환으로 귀결되는 것을 막을 수 없다. 정의와 평등의 원칙은 탄소 감축의 속도와 양에 방해가 되는 것이 아니다. 오히려 각자 이익과 손실에 따라 계산하며 탄소량을 배분하고 거래하는 이해관계자들의 셈법보다 훨씬 더 빠르게, 훨씬 더 급진적으로 필요한 감축과 적응의 경로를 만들어 낼 수 있다. 만약 탄소 배출에서 불평등으로 나아가는 것이 아니라 불평등을 개선함으로써 탄소 배출을 저감하는 식으로 출발점과 방향을 바꾼다면, 우리는 탄소 저감 정책을 노동시간을 줄이는 데서 시작할 수 있을 것이다. 불필요한 야간 영업과 야간 노동을 줄인다면, 탄소는 덜 배출하고 우리 삶의 에너지는 더 충만하게 채울 수 있을 것이다. 생산 현장의 노동자들은 더 안전해지며 시민들의 시간도 더 많아지고, 점차 삶의 속도와 리듬을 자연의 속도와 리듬에 맞춰 갈 수 있을 것이다. 공공 서비스와 사회안전망이 정의롭고 안전하게 보장된다면, 사람들은 지금처럼 불안한 미래를 위해 더 빨리, 더 멀리, 더 긴 시간 이동하고 노동하면서 신체 에너지를 고갈시키고 탄소를 내뿜으며 지구를 파괴하는 행렬에 동참하지 않을 것이다. 그리고 '더 빨리, 더 멀리, 더 합리적이고 효율적으로' 대신, '더 천천히, 더 가까이, 더 관용적이고 생태적으로' 사는 수많은 방법을 상상하고 찾아낼 것이다.

테제 9.
기후정의운동은
시장주의 해결책을 거부한다.

전 세계의 공적 사고를 지배하는 주류 경제학은 기후변화를 시장의 실패로 설명하고, 경제 외부효과를 가격에 제대로 반영하면 기후변화도 해결할 수 있는 문제라고 평가한다. 경제의 바깥에 사회와 자연을 위치시키는 주류 경제학적인 사고방식은 그 자체로 기후위기를 유발하는 데 중대한 책임이 있다. 그리고 해결책으로 제시하는 여러 탄소 가격 제도 등의 시장 중심적 접근 역시 자연·생명과 삶을 상품화·화폐화하면서 사회, 경제, 환경 불평등을 오히려 심화시켜 또 다른 심각한 문제를 만들어 내고 있다.

탄소 가격 제도는 배출하는 온실가스에 대해서 비용을 지불하도록 가격을 매겨서, 온실가스 배출이 적은 상품과 서비스가 시장에서 선택받도록 하겠다는 구상이다. 주류 경제학은 탄소 가격 제도를 도입하면 온실가스 배출량을 크게 줄일 수 있다고 주장한다. 대표적인 탄소 가격 제도에는 배출권 거래제와 탄소세가 있다. 배출권 거래제는 유럽연합과 한국, 미국의 동북부 지역과 캘리포니아 등에서 온실가스 감축의 핵심적인 정책 수단으로 시행되고 있다. 이는 불행하게도 국제 기후 체제의 탄생 시기에 맹위를 떨치던 신자유주의 접근이 기후 정책에 영향을 미쳤기 때문이다. 그러나 배출권 거래제는 온실가스를 많이 배출하는 기업의 기득권을 인정하고, 지구적 공유물인 '탄소예산'을 기업에게 배출할 권리로 나눠 주는 약탈 행위이기 때문에 정당하지 못하다. 배출권 거래제와 연동되는 청정개발체제(CDM), "개도국의 산림 파괴로 인한 온실가스 배출을 줄이는 활동"(REDD+), 탄소 상쇄 거래 등은 자신의 온실가스 감축 의무를 회피하고 그 책임을 개발도상국의 사람들에게 전가하는 부정의하고 비윤리적인 행동을 부추긴다. 그리고 배출권 거래제는 투기적 금융거래, 각종 사기 등에 휘말리기 쉬우며, 온실가스 감축에 도움이 된다는 증거가 빈약하다.

탄소세는 배출권 거래제보다 주류 경제학자들이 더 선호하는 탄소 가격 제도다. 일례로 2019년 1월 노벨상 수상 경제학자 27명은 탄소세 도입을 촉구하는 다음과 같은 성명을 발표했다. "탄소세를 충분히 강력하게 부과한 뒤 이를 점차 인상하면 효과가 떨어지는 다른 탄소 규제들이 필요 없게 될 것이다. 번잡한 규제를 가격 신호로 대체하면 경제성장을 촉진하고 기업들에 청정 대체 에너지 분야 장기 투자에 필요한 규제의 확실성을 제공할 것이다."(https://www.econstatement.org) 탄소세는 기업과 개인에게 안정적인 가격 신호를 제시하고, 국가가 징수한 탄소세의 재원을 온실가스 감축 정책에 사용할 수 있다는 점에서 배출권 거래제보다 나은 탄소 가격 제도로 간주된다. 이런 믿음을 많은 거대 환경단체와 기후활동가들이 공유하기도 한다.

그러나 지난 30년간 진행된 탄소 가격 제도에 대한 연구에 따르면, 탄소세 역시 배출권 거래제와 마찬가지로 온실가스 감축에 효과적이었다는 증거가 빈약하다. 배출권 거래제나 탄소세는 연간 1% 내외의 온실가스 감축 효과를 거두었는데, 이는 지금 필요한 급격한 온실가스 감축 목표에는 턱없이 부족한 성과다. 또한 탄소세로 인상된 상품 가격은 결국에는 소비자의 주머니를 털어 가기 때문에, 빈곤층이나 일반 시민들에게 불리한 역진적인 성격을 띤다. 탄소 가격 제도에 관한 경제학자나 전문가들의 따분한 논의는 체제 변화에 필요한 대중들의 열망과 상상력을 가로막는 중요한 장벽이 될 수 있음을 경계해야 한다. 우리는 탄소 가격 제도를 넘어서, 기후위기를 악화시킨 기업 권력을 제어하고, 노동자와 시민의 손으로 경제체제를 민주화할 수 있는 보다 근본적인 조치를 고려해야 한다.

한편 기업의 탐욕과 무책임을 사회적으로 규제하려는 시도들 역시 종종 시장주의 접근을 채택하면서 혼란을 낳고 있다. 규제되지 않는 금융 투자의 파괴적이고 부정의한 영향을 규제해야 한다는 목소리는, 비재무적 성과를 강조하는 ESG(환경, 사회, 거버넌스) 기준을 만들고 이를 준수하도록 하는 요구로 번역되고 있다. 금융자본은 공적인 녹색 금융 규제를 거부하고 스스로 만든 ESG 평가 시스템으로 대체하려고 한다. 이는 사업장의 안전 기준을 공적인 법률로 규제하고 위반 시 처벌하는 시스템을 버리고, 기업 자율에 맡기는 행위와 마찬가지다. 온실가스 배출량, 노동조합 탄압, 산업재해 발생 등에서 수위를 달리는 포스코가 ESG 평가에서 최고점을 받은 것이 진실을 보여 준다. 고양이에게 생선을 맡길 수는 없다. 허구적인 ESG 담론과 시스템을 거부하고, 투자와 기업 경영에 대한 공공의 규제가 필요하다.

국제적으로 진행되는 RE100 캠페인도 기업 권력을 강화하는 시장주의 활동이다. RE100 캠페인에 참여하는 기업 대부분은 경제적 이득과 평판 관리를 위해서 여기에 참여한다. RE100 캠페인은 기업 측의 이해관계와 시장주의적 NGO의 이해관계가 일치하는 지점에서 만들어졌다. 한국에서 RE100 캠페인을 주도한 그린피스는 기업의 RE100을 위해서, 전력 시장의 민영화를 의미하는 기업 PPA 제도의 도입을 촉구했고 결국 문재인 정부에서 법안이 개정되었다. 기업 주도의 재생에너지 확대 캠페인이, 박근혜 정부에서 시도되었다가 중단된 전력 판매 시장의 민영화로 이어진 것이다.

기후정의운동은 주류 경제학적 사고 틀을 거부한다. 기후위기는 시장 실패의 결과가 아니라 자본주의 체제가 '제대로' 작동했기 때문에 발생한 문제이다. 즉, 기후위기는 체제의 실패가 아니라 체제가 성공한 데서 빚어진 결과이다. 따라서 이 체제 자체를 바꿔야 한다. 우리는 시장 실패를 교정하는 탄소 가격 제도를 도입만 하면 효과적인 온실가스 감축을 이룰 수 있다는 주장에 반대한다. 또한 기업 권력을 원천적으로 제한하는 행위나 국가의 강력한 규제 없이 기업의 자율적인 행동으로 온실가스 감축이 일어날 것이라는 주장도 믿지 않는다.

테제 10.
기후정의운동은 성장주의 이데올로기와
그 변형인 녹색 성장론을 거부한다.

　　기후위기에 대한 시장주의 접근의 기저에는 '성장주의' 이데
올로기가 자리하고 있다. 시장 논리와 경쟁이 촉진한 기술 혁
신과 산업화는 재화와 서비스 생산을 증가시키고, 나아가 국내
총생산(GDP)으로 상징되는 국민경제의 규모를 확대해 왔으며,
이러한 경제성장이 가져온 물질적 풍요가 인류의 생존과 번영
을 가능하게 했다는 것이다. 시장주의 접근도 경제성장이 자원
과 에너지를 더 많이 소비하고 오염 물질과 폐기물을 대량으로
배출하면서 생태계의 수용력을 위협하고 있다는 점을 부정하
지는 않는다. 다만, 기업이 재생에너지 등 친환경 산업에 투자

하고, 탄소 저감 기술 등 녹색 기술의 혁신에 나서며, 에너지를 절감하는 데 앞장설 수 있도록 시장 인센티브를 제공하고 동시에 탄소 배출권과 탄소 상쇄권 거래제 등의 시장주의 정책을 시행한다면, 환경적 외부비용이 제품과 서비스의 가격에 적절히 반영될 것이므로 경제성장을 온실가스 배출과 같은 생태적 부담으로부터 '탈동조화(decoupling)'시킬 수 있으리라고 단언한다. 이른바 '녹색 성장'이 가능하다는 것이다.

성장주의 이데올로기와 녹색 성장론은 시장주의의 기본 틀을 유지하면서도 지나친 시장 자유화와 탈규제가 생태적으로 지속 불가능한 생산과 소비를 부추겨 왔음을 비판하고 정부의 역할을 강조하는 녹색 케인즈주의 접근에 의해서도 수용된다. 녹색 케인즈주의의 옹호자들은 환경·금융 규제, 산업 정책, 확장적 재정 정책 등의 능동적 추진으로 시장 일변도 정책의 한계를 보완함으로써 친환경 산업 육성, 녹색 기술 혁신, 에너지 효율 향상, 온실가스 감축, 그리고 경제성장과 생태계 파괴의 탈동조화를 보다 효과적으로 달성할 수 있다고 역설한다. 또 기존의 시장주의 접근이 녹색 성장으로 새로운 고용과 사업 기회가 창출된 이후의 문제를 '낙수' 효과에 의존하는 것과 달리, 녹색 케인즈주의 접근은 적극적 노동시장 정책을 통해 탈탄소화 전환 과정에서 실직하는 노동자에게 직무 전환 훈련, 재취업 지원, 고용 안전망 등을 제공하는 '포용적' 녹색 성장을 추구한다고 주장한다. 그러나 그 기본 전제는 '성장'으로 포용을 위한 물질적 토대가 마련되어야 한다는 것이다.

전통적 시장주의에 근거한 것이든 녹색 케인즈주의를 따르는 것이든, 녹색 성장론은 심각한 결함을 내포하고 있다. 지난 반세기 동안 전 세계 GDP의 총합은 물가 상승과 인구 증가를 보정하더라도 꾸준히 성장해 왔다. 하지만 인류 구성원 모두에게 안정적인 사회·경제적 삶을 제공하고도 훨씬 남을 막대한 규모의 부가 생산되었음에도 남반구는 물론 북반구 국가에서조차 빈곤 문제가 해결되지 않고 있다. 지구 곳곳에서 사회·경제·환경 불평등과 부정의가 만연하고 있으며, 자산·소득 격차 등 소수로의 부와 권력 집중은 최근 수십 년간 더욱 심화하고 있기도 하다. 노동과 삶의 착취 및 소외는 계속되고 있고, 가사·돌봄·공동체 노동 등 재생산의 가치도 여전히 주변화되고 있다. 즉, 경제성장은 불평등을 해소하는 토대를 구축하기는커녕 이를 구조화하는 정치·경제·사회 구조를 뒷받침해 왔다. 이윤 극대화와 끊임없는 자본축적의 논리에 의한 경제성장의 추구는 착취, 불평등과 부정의의 해결책이 아니라 근원인 것이다. 녹색 성장이라고 다를 수 없다.

시장 메커니즘, 기술의 활용과 제한적인 정책적 개입을 통해 자본주의적 성장을 생태계 파괴로부터 탈동조화할 수 있다는 가정도 비현실적이다. 녹색 성장론자들은 일부 OECD 국가에서 에너지 소비나 온실가스 배출 증가율이 경제성장률에 비해 낮아지는 '상대적' 탈동조화가 관찰되었음을 부각시키고 있지만, 그것이 생태적 부담의 실질적 감소를 의미하는 것은 아니다. 더 많은 이윤을 위해 경제 규모의 확대를 고집하는 한, 자연을 상품화하고 대상화하는 추출적 경제 활동은 존속할 것이며 물질과 에너지 처리량의 증가도 생태계의 수용력을 넘어서게 될 것이다. 게다가 그로 인해 가중되는 생태위기와 이에 대처하기 위한 사회적 비용은 이미 불평등과 부정의로 고통 받고 있는 민중들에게 다시금 전가될 것이다. 기후정의운동은 성장주의 이데올로기와 그 변형에 불과한 녹색 성장론을 거부한다. 우리에게 요구되는 것은 인간과 자연보다 이윤과 성장을 우선하는 착취적·추출적 정치경제체제로부터 평등하고 민주적이며 생태적으로 지속가능한 정치경제체제로의 변화이다.

이와 같은 체제 변화가 단지 생산수단의 소유 형태를 변경하는 것으로 성취될 수 없다는 점이 강조될 필요가 있다. 일각에서는 생산수단을 자본주의적 소유관계에서 해방시킨다면 이윤 극대화와 자본축적의 논리가 아닌 민중의 필요에 부응하고 생태적으로 합리적인 생산이 이루어질 수 있으므로 노동 착취와 생태계 파괴로부터 자유로운 진보적 녹색 성장이 가능할 것이라고 주장하기도 한다. 그러나 기술을 포함한 생산수단은 중립적이지 않으며 특정한 권력관계와 사회-생태적 관계를 반영하고 재생산할 수 있다. 주어진 생산수단의 동일한 활용 방식과 그에 의해 정의된 성장의 경로를 무비판적으로 전제하는 가운데 이를 보다 합리적으로 운영하거나 성장의 폭을 조정하는 시도로는 지배적인 착취적·추출적 사회-생태적 관계를 타파하기 어려운 것이다. 성장주의를 극복하는 체제 변화는 생산수단의 소유관계만이 아니라 생산수단과 생산조건 전반에 대한 민주적 통제를 확립하고 생산의 내용, 성격과 조직 자체를 탈자본주의화하고 녹색화하는 대안적 생산 체제를 추구할 때에 가능하다.

테제 11.
기후정의운동은 기술 위주의 해결 방식과 기술관료주의를 거부한다.

  재생에너지, 청정 생산, 에너지 효율 향상 같은 분야의 기술 발전이 자본주의적 경제성장을 온실가스 배출과 자원 소비로부터 탈동조화할 것이라는 녹색 성장론의 주장은 지나치게 과장된 것이지만, 그렇다고 기술의 역할이 간과되어서는 안 될 것이다. 기후위기에 맞서 보다 평등하고 민주적이며 생태적으로 지속가능한 정치경제체제로 나아가는 정의로운 전환의 길에서도 기술은 중요하다. 관건은 어떠한 내용과 성격의 기술을 어떻게 활용할 것인가에 있다. 우선 우리가 직면하고 있는 많은 문제들이 기술적 차원으로 축소될 수 있는 성격의 것이 아님에도 불구하고 기술 위주의 해결 방식(technological fix)을 밀어붙이려는 시도는 마땅히 저지되어야 한다. 다른 한편, 기술이 요구되는 경우에도 그것이 사회적으로 유용하고 또 책임 있게 개발되고 활용될 수 있도록 하려면 민주적 통제가 반드시 필요하다. 기술은 불확실성과 위험을 수반하기 마련이며, 정치·경제·사회적 맥락에서 형성된 인간의 산물로서, 흔히 주장되는 것과는 달리 중립적이지 않기 때문이다.

기술의 민주적 통제는 기술적 접근에 과도한 권위를 부여하는 상황을 타개하는 것에서 시작되어야 할 것이다. 온실가스의 대량 배출로 기후위기가 야기되기에 이른 것은 화석연료 에너지라는 기술 시스템의 결함도 무관하지 않지만 궁극적으로는 민중의 평등한 사회·경제적 삶과 생태 지속가능성보다 이윤 극대화를 앞세워 에너지의 생산과 소비를 무분별하게 확대해 온 정치경제체제에 기인한다. 이러한 구조적 조건을 방치하고 탈탄소화에 대한 기술적 해법에 우선순위를 두는 것은 본말의 전도라 하지 않을 수 없다. 기후위기 대응 정책에서 나타나는 기술관료주의도 혁파되어야 한다. 탈탄소화 전환에 관한 의사결정은 대부분 사회·정치적 성격의 의제를 다루고 있음에도 기술적으로 접근되어야 할 문제로 환원되고 탈정치화되어 전문가와 관료들에게 내맡겨지고 있는 것이 현실이다. 정작 기후

피해와 전환의 영향을 가장 직접적으로 겪게 되는 민중들은 정책 결정에서 배제되고, 사회·정치적인 판단조차 기술적 전문성의 미명 아래 민주적 논의의 대상에서 제외되는 것이다.

사회·정치적 고려가 기술적 합리성에 종속되는 문제는 기술과 관련해서도 반복된다. 기술의 내용과 성격은 설계, 개발, 도입과 응용 과정에서 이루어지는 일련의 결정에 의해 규정되는데, 이를 사회·정치적 가치와 분리하기란 쉽지 않다. 효율성, 효과성, 편익성, 위험 등을 어떻게 이해하고 그 우선순위를 정하는가는 기술적이자 곧 사회적인 판단일 수밖에 없다. 이처럼 사회·기술적 판단을 경유해 형성된 기술은 특정한 사회-생태적 관계를 반영하고 강화하는 데 일조할 수 있다. 예를 들어 핵발전 시스템은 자원의 대량 채굴, 에너지의 대량 생산과 소비, 중앙집중적·관료주의적인 행정 체계, 위험의 확률적 이해 등과 불가분의 관계에 있다. 핵폐기물 처리 이슈에서 드러나듯이 장기적인 생태적 영향과 환경정의에 대한 고려가 통합될 수 있는 여지를 결여하고 있기도 하다. 이 같은 문제를 방지하기 위해서는 기술이 도입되기 이전에 설계, 개발로부터 정치·경제·사회·윤리·안전·환경 영향의 평가에 이르는 전 과정에서 주요 결정이 민주적으로 검토되고 논의될 수 있어야 한다.

그러나 최근 기후위기 대응 방안으로 제시되고 있는 기술적 해결책들은 최소한의 민주적 논의도, 잠재적 영향에 대한 평가도 생략된 채, 기술적 논리와 산업적 이해관계에 의해 추동되고 있다. 그 결과 탈탄소화에는 기여하지 못하고 있는 반면, 새로운 사회-생태적 위험을 초래하고 있다. 화석연료에서 발생하는 이산화탄소를 압축해 지하 암석층에 저장하는 탄소 포집·저장은 장기 저장의 실현 가능성, 안전성 및 누출 위험을 둘러싼 논란이 끊이지 않고 있다. 산림과 습지 복원·보호를 통해 생태계의 탄소 흡수력을 높이는 자연-기반 해법은 흡수력 자체의 불확실성이 큰 데다 토지·임야의 상업화, 주민의 권리 침해, 생물다양성의 위협 등 여러 문제들을 낳고 있다. 이 두 접근이 추구하는 탄소 상쇄권 거래 수익은 탄소 시장의 활성화와 기존 산업의 온실가스 배출 연장을 전제로 한다. 화석연료 산업이 이들에 대대적으로 투자하고 있는 이유다. 그 외에 바이오매스, 바이오연료, 수소에너지 등도 에너지 산업의 지지를 받고 있으나 실질적인 온실가스 감축 효과에 심각한 의문이 제기되고 있는 실정이다.

기술의 개발과 활용이 인간의 삶과 자연을 기술적 합리성에 종속시키고 또 기후위기를 일으킨 구조적 원인인 착취적·추출적 정치경제 질서에 조응하는 방식으로 이루어진다면 그 기술은 기후 해결책이 될 수 없다. 기후정의운동은 핵발전, 탄소 포집·저장, 자연-기반 해법, 바이오매스, 바이오연료, 수소에너지 등을 '거짓 해결책'으로 간주하며, 이들의 도입을 반대한다. 이 거짓 해결책들은 정의로운 탈탄소화 전환에 긴요한 재원과 노력을 도리어 낭비하고 체제 변화의 시급성으로부터 관심을 돌리게 하고 있다. 화석연료를 대체할 수 있는 재생에너지도 예외가 아니다. 태양광과 풍력이 이윤과 성장을 우선하는 정치경제 구조에 속박되고 기업 권력에 장악되어 대규모로 추진되는 한, 노동 착취와 소외, 에너지와 토지의 사유화, 그에 따른 불평등과 부정의, 그리고 생태계 파괴는 계속될 것이다. 우리에게 필요한 것은 원료 취득부터 개발, 사용 및 폐기에 이르는 생애 주기의 전 과정이 사회·경제·환경 정의와 민주적 사회관계에 부합하고 생태 지속가능성을 담보할 수 있는 기술이다.

테제 12.
기후정의운동은 자본주의 경제체제가 아닌 필요 기반의 돌봄과 생태적 전환 경제를 추구한다.

자본주의 경제체제는 지속 불가능할 정도로 지구생태계를 파괴하였으며, 기후위기는 그러한 파괴의 결과이다. 이러한 자연, 인간, 동·식물에 대한 추출, 억압과 수탈을 낳는 원인은 자본주의 경제체제가 이윤추구를 지상과제로 삼는 것에 기인한다. 이에 따라 자본주의경제 하에서 과잉생산은 구조적이며, 과잉소비와 과잉축적이 필수적으로 수반된다. 생산과 유통, 소비에 걸친 제반 영역과 모든 부문에 걸쳐 '과잉'의 흔적이 쌓인다. 이러한 '과잉'으로 인해 축적된 쓰레기는 다시 바다와 공기를 오염시키면서 생물이 살아갈 수 있는 생태계를 파괴하는 악순환을 이룬다. 지금까지 그것을 견뎌 냈던 지구생태계는 파국적인 임계점에 도달하기 시작하였다. 지구적 한계를 연구하는 과학자들은 일부 영역에서는 그 임계점을 넘어섰다고 경고하고 있다. 우리는 자본주의 경제체제에 매달리면서 이 임계점을 가로질러 재앙에 직면할지, 아니면 자본주의 경제체제를 변혁하여 지구생태계를 유지하고 인류의 생존을 지킬 것인지, 갈림길에 서 있다.

기후정의는 이러한 기로에서 무엇보다 먼저 'GDP'로 표현되는 양적인 성장을 거부한다. GDP는 상품으로 거래되는 물건과 서비스의 양적 가치를 표현하는 수단일 뿐, 인간 삶의 다양하고 생생하며 구체적인 모습과 자연과 동물의 생태적 공존의 역동성을 충분히 담지 못한다. 이미 40여 년 전에 로마클럽은 『성장의 한계』라는 보고서를 통해 '성장'에 대한 믿음에 경고를 보낸 바 있으며, 미국의 경제학자 제임스 고든은 "미국의 성장은 끝났는가?"라는 질문을 던지며, 성장의 시대는 끝났다고 했다. 이를 입증하듯이 세계경제는 1%대의 성장률을 보인지가 오래이다. 세계경제의 성장을 뒷받침했던 중국의 성장세도 이제는 꺾였고, 과거의 성장세로 돌아설 가능성은 거의 없다. GDP로 상징되는 경제성장을 향해 폭주해 온 결과 자본주의 경제체제는 앞서 얘기한 자연 파괴를 낳았고, 국가 간 불평등, 국가 내에서의 불평등 심화라는 결과를 낳았으며, 이것은 자본주의 체제의 경제위기, 민주주의의 위기, 인민의 삶과 생활의 위기, 그리고 마침내 기후위기를 야기하고 있다. 우리는 현 자본주의 경제체제의 전면적인 전환이 필요하다고 생각하며, 그 방향은 다음과 같아야 한다고 주장한다.

'이윤'이 아닌 '필요'에 기반한 경제로의 전환이 필요하다. 필요한 만큼 생산할 때, 재화 및 서비스를 낭비적인 상품으로 공급하기 위해 필요한 자연자원의 채굴이 줄어들게 된다. 여기에 더하여 물질적 생산활동이 전체적으로 축소되는 결과를 낳게 되므로, '과잉'으로 버려지는 쓰레기가 만들어질 가능성이 매우 적어진다. 모두에게 필요한 만큼 충족시키므로 필요 충족의 부족이나 결여를 의미하는 '빈곤'에서 벗어나게 된다. 아울러 한쪽은 사치와 낭비가 넘치는 반면 다른 쪽은 결핍과 부족으로 고통 받는 '불평등'에서 벗어날 수 있다. 일상생활에서 인간과 비인간에게 쓸모가 없는 '군사무기' 같은 것은 설 자리가 없어지므로 더 이상 생산될 필요가 없다. 따라서 이윤을 목적으로 진행되는 '착취, 수탈 그리고 배제'가 설 자리는 없다. 필요에 기반한 경제는 결국 돌봄과 연대의 경제이기도 하다. 또한 돌봄과 연대는 인간만이 아니라 동물 등 비인간도 포함한다. '돌봄'은 한 사회가 가진 역량이자 사회 구성원들의 복지와 번영하는 삶에 필요한 모든 것을 보살피는 사회적 활동이다. 기후 정의는 돌봄을 중심에 놓는다. 그것은 우리의 '상호의존성'을 인지하고 포용한다는 것을 의미한다. 필요 중심의 연대와 돌봄의 경제는 이윤 추구가 기본 원리인 시장 중심의 사적 소유 경제에서는 가능하지 않다. 시장 중심의 경제에서 벗어나는 길은 자발적으로 조직된 다양한 당사자와 공동체의 참여, 협력과 연대를 통한 공공적·사회적 통제와 소유를 지향한다.

자본주의 경제체제는 유한한 자원인 석유, 석탄 등 자연에서 추출되는 화석연료(탄소)를 기반으로 무한한 이윤을 추구함으로써 발전해 왔다. 유한한 자원에 기반한다는 점에서 자본주의의 끊임없는 성장은 불가능하다는 분석은 오래 되었지만, 기후위기는 매장된 모든 화석연료를 지구로부터 뽑아내 쓰기도 전에 빠르게 지구 시스템이 무너져 버릴 수 있다는 것을 보여 주고 있다. 또한 채굴하고 생산하고 소비하며 폐기하는 선형적인 물질 흐름을 고수하는 자본주의 경제는 세계 곳곳에서 자원 고갈과 폐기물 축적으로 경제적, 생태적, 공중보건 상의 위험을 가중시킨다. 지구적 한계 내에서 사람들의 필요를 충족시킬 방안을 찾을 수 있지만, 지속적으로 자원을 추출하고 또한 폐기물을 내다 버릴 수 있는 방안은 그 어디에도 없다. 필요의 경제는 자연과의 공존 속에서, 지구생태계의 한계 속에서 작동한다는 것을 전제로 한다. 이런 면에서 자본주의 경제체제의 전환은 에너지원의 전환만이 아니라 추출과 생산, 소비와 폐기라는 경제활동 전반에 걸친 생태적 전환과 함께 이루어져야 한다.

자본주의 경제체제를 극복한다는 것은 시장을 비롯한 경제적 관계뿐만 아니라 국가와 사회 역시 재구성한다는 것을 의미한다. 코로나19 팬데믹 속에서 마스크 하나 제대로 공급하지 못하는 시장의 무능을 보았다. 이를 대신해 국가가 막대한 재정을 동원하고 사적 행위자들을 통제하는 능력도 보았다. (한국에서는 기업 지원책으로 이미 전락했지만) 미국 등지에서 민중들이 국가에게 기후위기와 불평등을 해결하기 위한 그린뉴딜을 시행할 것을 촉구하고 있다. 신자유주의 체제에서 시장과 기업에게 자리를 물려주고 뒤로 물러앉은 국가에게 전면에 다시 설 것을 요구하고 있다. 그러나 단순히 자본주의 위기 관리자로 나서라는 말이 아니다. 자본으로부터 국가를 재탈환하여 노동자 민중을 위해 일하고 지구를 구하도록 만들자는 것이다.

그러나 국가에만 전적으로 의존할 일도 아니다. 국가권력은 노동자 민중에 의해서 통제되지 않고 중앙집권적으로 성장할 때 폭주하는 기관차로 또 다른 재앙을 가지고 올 수 있다. 분권과 자치에 기반한 지역과 공동체의 사회경제적 활동과 자유로운 연대는 필요 기반의 돌봄과 생태적 전환을 위한 기본적 토대를 제공할 것이며, 또한 자본과 관료 자신들을 위해서 작동될 수 있는 국가권력을 견제하고 보완하게 될 것이다.

테제 13.
에너지 전환은 아래로부터의 권력에 의한
민주적인 과정과 공공적 수단으로 가능하다.

    에너지 전환은 기후위기 대응에서 핵심적인 지위를 차지한다. 에너지 전환은 단순히 화석연료와 핵에너지로부터 재생에너지로 에너지원을 바꾸는 것에 그치지 않는다. 생태적 한계를 고려하지 않은 채 지속적으로 확대되어 온 에너지 소비를 멈추고 보다 효율적으로 사용할 수 있는 방안을 찾아야 한다. 또한 에너지 생산과 소비의 공간적 배치도 변화하여 대규모 중앙집중화한 시스템도 변화시켜야 하며, 그 시스템의 공공적·사회적 소유와 운영을 필요로 한다. 즉 시장주의를 단절하지 않고, 또 성장주의와 결별하지 않고서는, 에너지 전환에 성공할 수도 없으며 정의로울 수도 없다. 에너지 전환은 다음의 원칙에 따라 추진되어야 한다.

우선, 재생에너지로의 전환은 에너지의 공급과 소비, 에너지 시설의 소유와 운영, 규제 등 에너지 체계 전반에 걸쳐 민주주의의 확대와 함께 이뤄져야 하며, 계획 수립에서의 절차적 민주주의를 넘어 집단적·사회적 소유를 확대해야 한다. 이는 사유화·시장화와는 반대의 길이다. 재생에너지로의 전환을 선도하고 있는 유럽의 여러 국가에서도 확인할 수 있듯이 사유화·시장화를 통해서는 화석연료를 재생에너지로 전환하는 것이 불가능하다. 유럽에서 재생에너지로의 전환은 주로 FIT(발전 차액 지원 제도, 정해진 가격에 재생에너지 전력을 구매해 주는 제도), take-or-pay(의무 인수 계약) 같은 국가 정책이 커다란 기여를 한 것으로 알려져 있다. 그러나 2000년대 재생에너지에 대한 국가 보조를 없애고 경쟁적 시장을 강화하려는 시장자유화 정책을 편 결과, 재생에너지에 대한 투자가 급격히 하락하고 있다고 평가받는다. 또한 시장을 통한 재생에너지로의 공급은 화석연료 에너지가 야기했던 불평등 심화 및 자연 파괴의 부작용을 없애는 것이 불가능하며, 오히려 다시 재생산하는 사례도 관찰되고 있다. 기업들이 땅을 일구던 농민을 내쫓고 산림을 훼손하며 밀어붙이기식으로 태양광 발전 단지를 건설하는 일이 빈

번하게 보고되고 있다. 재생에너지 시설의 입지 선정부터, 건설과 투자, 소유의 주체, 건설 이후 운영, 이후 수명을 다해 폐기에 이르기까지 모든 과정이 민주적이고 공적으로 이루어져야 한다. 이는 해당 지역의 주민을 포함한 참여를 전제로 하며, 재생에너지 개발은 사적 이윤을 추구하는 기업에 앞서 공적 기업과 사회적 경제조직에 의해서 우선적으로 이루어져야 한다.

둘째, 재생에너지는 분산화·지역화한 시스템이어야 한다. 국가 차원의 공적 소유·통제를 넘어서 지방정부, 지역공동체 등이 적극적으로 관여할 수 있는 에너지 체계로의 전환이어야 한다. 화석연료를 사용하는 에너지 시스템은 대규모 중앙집중식의 방식으로 확대되어 왔다. 이는 대량 생산과 소비에 맞춰진 시스템이기도 하였다. 재생에너지는 필요한 곳에서 필요한 만큼을 생산하여 공급하는 에너지 자립과 자치의 원리를 구현할 잠재력이 크다. 따라서 대규모 중앙집중식 에너지 시스템이 아니라 지역화한 분산형 에너지 시스템을 필요로 한다. 이러한 원리에 걸맞게 집단적·사회적 소유 주체도 국가라는 하나의 단일체만을 상정할 수는 없다. 중앙정부, 지방정부, 지역공동체를 포함한 에너지 공동체 등이 소유·운영의 주체가 되어야 한다. 중앙정부는 국가적 차원의 에너지 계획과 관리, 지방정부는 지역적 차원의 에너지 계획과 관리, 에너지 공동체는 지역 주민의 참여와 주체화 등 각각의 역할을 분명히 하는 가운데 공적인 에너지 생태계가 구축되어야 한다. 이러한 에너지 시스템이 민주적으로 운영되어야 함은 물론이다.

재생에너지 중심의 지역화한 분산적 에너지 시스템을 단지 기능적·기술적 차원에서 이해해서는 안 된다. 즉 바람이나 햇빛을 따라 만들어진다는 의미에 국한되면, 또 다른 배제와 잘못된 해결책을 낳는다. 사적 소유 제도와 관료 기구를 기반으로 하여 권력이 소수 대기업으로 집중되는 것이 아니라, 풀뿌리 수준에서 인민들의 자발적이고 자주적인 권력을 형성하는 민주주의의 확장으로 이해해야 한다. 또한 기후위기가 지역만이 아닌 국가적 문제이자 국가를 넘어선 전 지구적 문제라는 점에 대한 인식도 필요하다. 기후위기가 전 지구적 차원의 문제인 것처럼 기후정의에 입각한 에너지 시스템도 분산화·지역화를 넘어서는 국가적/전 지구적 연결이 필요하다. 수직적이고 위계적인 권력의 집중은 지양하면서도 풀뿌리 민중들의 자발적·자치적 참여와 통제를 전제로 보다 폭넓은 지역적 차원의 연결과 조정, 운영과 관리가 모색되어야 한다. '자치와 자립'에 기반한 분산화한 민주적 에너지 시스템이 확장되어 만들어지는 (초)국가적 차원의 수평적이고 민주적인 통합 에너지 시스템이 '민주적 공공 소유'의 원리라 할 수 있다.

셋째, '아래로부터의 권력'을 '투자자'로서의 참여와 '시장'에서의 '소비자 주권'으로 이해해서는 안 된다. 에너지 전환은 지역 주민과 지역공동체, 노동자 등의 역량 강화와 조직화를 통해서 이루어진다. 재생에너지 시스템의 이점은 경쟁과 이윤을 원리로 하는 시장에 의해서, 또는 위로부터의 국가적 강압, 지시와 통제에 의해서도 제대로 구현될 수 없다. 오로지 아래로부터의 지역 주민 등 대중의 자발적인 역량과 힘에 의해서만이 가능하며, 그래야만 에너지 시스템의 작동 또한 원활하게 이루어질 것이다. 이는 필수적으로 관련 노동자의 노동조합으로의 조직화, 지역 주민 등의 자발적 공동체 등 대중의 조직적인 역량 배가를 필수적으로 요구하며, 그것과 함께했을 때만이 재생에너지로의 전환도 가능하다. 협동조합을 비롯한 에너지 공동체는 주민들의 자발적인 참여와 운영이라는 장점을 가지지만, 공공적·제도적 지원 없이는 그것의 지속성과 확산을 장담하지 못한다. 시장질서 하에서는 더욱 더 그 가능성이 사라진다. 에너지 공동체는 에너지의 공공적 소유와 확산 속에서만이 공존할 수 있다.

테제 14.
기후위기 대비는 돌봄, 의료, 교통, 전기, 물 등의 공공 서비스 보장과 확대로 가능하다.

코로나19 팬데믹은 그 자체로도 위기였지만 우리 사회 속에 이미 존재하던 위기를 보다 극명하게 드러내 주는 기회이기도 했다. 학교와 유치원 등의 공공 교육 기관들이 비대면 수업으로 전환하였고, 노인 돌봄을 담당하는 요양원은 집단 감염의 진원지로 떠올랐다. 가부장적 질서 속에서 보육과 돌봄을 떠맡은 중산층 이하 여성 노동자들은 일자리를 빼앗겨야만 했다(통계청의 2021년 1월 고용 동향은 여성 실업률 증가가 2.3%로 남성 실업률 증가분인 1.1%의 두 배가 넘는다는 점을 보여 주었다). 방역 단계가 높아지는 상황에서 밤 10시 이후 운행 횟수가 줄어들면서 버스와 지하철 등의 공공 교통수단에 의존하는 서민들은 이동에 불편을 겪었지만 승용차로 이동하는 부유층은 큰 영향을 받지 않았다. 무료 급식 시설과 노인 쉼터, 어린이집 등이 문을 닫거나 서비스가 제한되면서 우리 사회에서 주변화된 사회 구성원들의 고통은 더 커졌다. 이러한 가운데 공공 병상의 부족과 의료진의 부족 문제는 그 어느 때보다 크게 부각되었다. 코로나19 팬데믹은 여성, 장애인, 빈민 등 기후위기에 가장 먼저 피해를 입는 이들이 사회적 돌봄을 제일 필요로 한다는 점을 우리에게 알려 주었다. 그러나 시장 기반 사회에서 이들은 돌봄에서도 제외되고 배제된다.

2021년 2월 미국 텍사스를 덮쳤던 한파와 폭설로 인한 피해는, 코로나19로 인해 약화된 공공 서비스로 피해를 입고 고통을 받는 이들이 기후위기로 인해 영향을 받는 민중과 지역공동체와 그대로 겹쳐짐을 보여 주었다. 맹추위로 인한 수도관과 가스관의 동파는 대규모 정전 사태를 낳았고 이로 인해 500만 가구에 전기가 끊기고 수천만 가구는 물 공급을 받지 못했다. 난방도 안 되는 상황에서 백 명에 가까운 이들이 추위에 목숨을 잃었고, 훨씬 더 많은 이들은 물을 받기 위해 몇 시간씩 줄을 서야 했다. 그러나 부유한 이들은 가장 먼저 전력을 공급 받았으며 아예 난리를 피해 다른 지역이나 해외로 대피하면 될 일이었다. 『워싱턴 포스트』에 의하면 "미국에서 가장 극단적인 전력 시장 탈규제 민영화"가 이뤄진 텍사스에서 민간 전력사를 통해 전력 변동 요금제를 선택했던 주민들은 평소의 300배가 넘는 전기 요금 청구서를 받게 되었다. 커지는 원성에, 보수적인 공화당 주지사와 의원들까지 민영화한 전력 체제에 대한 규제 강화를 외치게 되었다.

이러한 현실은 공공 서비스가 사회 구성원 모두에게 아무런 장벽 없이 접근 가능한 보편적 권리가 되어야 함을 보여 준다. 그러나 보편적 권리의 보장은 자본주의적 시장 시스템에서는 영원히 실현되지 않을 꿈이며, 필수적인 서비스의 사회적·공공적 공급과 소유, 그 기관/기업의 민주적 운영과 사회적 통제와 관리 하에서만 그 가능성이 높아진다. 교통, 보건의료, 보육·요양 등 돌봄 서비스와 요리·빨래·청소 등 가사 서비스도 마찬가지이다. 시장 논리를 따르는 교통과 의료 시스템은 서비스의 보편성과 공공성을 약화시킬 수밖에 없으며, 자원의 무계획적이고 낭비적인 소비를 부추긴다. 가족과 여성에게 떠맡겨져 있는 돌봄과 가사 서비스도 사회와 그 구성원들이 공동으로 담당하는 체계로의 전환이 필요하며, 이를 공공 서비스로 제공하는 것은 기후위기 극복을 위한 필요조건이자 전제이다. 임신·출산 등 재생산에 대한 권리 및 여성의 자기결정권도 충분히 보장되어야 한다. 돌봄/재생산 노동은 그동안 직접적인 생산관계가 아니라는 이유로 저평가되어 왔고, 그 사회적 가치가 인정되지 못하였다. 코로나19 팬데믹을 겪으면서 교통, 의료, 돌봄과 재생산 노동이 이 사회에 얼마나 필수적인 노동인지 명확히 드러났다. 이런 노동과 서비스는 기후위기 상황에서 공공적 성격을 가질 때에만 제대로 작동될 수 있다.

사회적 돌봄은 지구를 돌보고, 서로를 돌보기 위한 기본 전제이다. 그리고 이런 돌봄과 재생산 노동은 기후위기 상황에서 녹색 일자리로 재조명될 수 있어야 한다. 녹색 일자리는 탈탄소/친환경 영역에만 존재하는 것이 아니다. 돌봄/가사 서비스는 이윤 추구가 아니라 사람의 필요를 가장 우선적으로 고려해야 하는 부문이며, 시장이 아니라 공공 영역이 이를 담당해야 한다. 그러나 이 말은 사회적 돌봄을 '국가'가 일률적으로 제공하고 담당해야 한다는 것을 의미하지는 않는다. 중앙정부, 지방정부, 지역공동체가 참여하고 협력하는 에너지 시스템의 민주적·공공적 운영 방식은 물, 교통, 보건의료, 사회적 돌봄 영역에서도 마찬가지로 적용되어야 한다. '지역'을 중심으로 해서 공공 돌봄—공동체 돌봄—사적 돌봄이 어우러져, 상호의존 속에서 연결되며, 함께 돌보며 '좋은 삶'을 영위하는 모습을 그려야 할 것이다. 한편 공공성의 강화는 공공 서비스에 대한, 노동자와 시민에 의한 민주적 통제를 통해서 실현된다. 노동조합으로 조직된 공공 서비스 노동자와 다양한 방식으로 조직된 시민들의 참여를 통해서, 공공 부문이 빠지기 쉬운 관료주의와 '돌봄'과 '생태적 전환'이라는 가치로부터의 이탈을 막기 위한 민주적인 통제와 운영이 이루어져야 한다. 이는 신자유주의적 환경 속에서 강요받는 수익성의 유혹에서 벗어날 수 있는 토대이기도 하다.

테제 15.
정의로운 전환은 탄소 구조조정의 보조 수단이 아니라, 사회생태적 변혁을 위한 길잡이다.

2015년 파리협정 서문에 '정의로운 전환'이 포함되면서, 이제 정의로운 전환은 노동운동과 기후운동뿐만 아니라 국제기구, 각국 정부, 심지어는 초국적 기업마저 즐겨 사용하는 표현이 되었다. 문재인 정부는 이를 '공정 전환'이라고 말하며, 「2050 탄소중립 추진 전략」에 포함시켰다. 그러나 문재인 정부의 정의로운 전환은 기업에 대한 지원이 주를 이루며, 노동자에 대한 지원은 직업 교육 및 재취업 알선이라는 구태의연한 대책에 그치고 있다. 쌍용차 사태, 조선업 구조조정 등의 대량 실업 사태 때마다 정부는 이런 대책을 내놓았으나, 한 번도 작동한 적이 없다. 피해자를 구제하지도 못하는 피해자 구제 정책을 정의로운 전환이라고 포장한다면, 정의로운 전환은 한낱 탄소 구조조정의 보조 수단으로 머물게 된다.

탄소 구조조정의 영향을 받는 노동자와 지역사회의 피해를 다루는 방식만으로는, 폭넓은 사회경제 구조의 정의로운 전환을 꾀할 수 없다. 정의로운 전환을 처음 제안한 것은 미국의 급진적 노동운동가 토니 마조치였다. 그는 공해 산업으로부터 노동자의 안전과 지역 환경을 보호하고 함께 개선할 수 있는 변혁적 아이디어를 마련했다. 정의로운 전환은 지역의 환경정의운동과 노동운동이 함께 발전시킨 사회생태적 변혁의 상이었다. 또한 노동자와 시민들을 사회 변화의 주체로 세우는 자주적인 운동의 일환이었다.

그러나 정의로운 전환이 주류화되고 보수화되면서 생태사회적 변혁 지향과는 다른 해석이 등장하기 시작했다. 유엔환경계획(UNEP)이나 국제노동기구(ILO)는 정의로운 전환을 사회적 대화를 중심으로 형성되는 녹색 일자리 창출에 대한 장밋빛 기대로 변형시켰다. 초국적 기업들은 기존의 자본주의 경제 질서를 유지하는 가운데, 기업의 이윤과 고용 및 환경을 조화시키는 것으로 정의로운 전환을 재정의하고 있다. 한국에서 정의로운 전환의 모범 사례로 소개되는 유럽의 정의로운 전환 기금도 유사한 정치경제적 전제를 가지고 있다. 정의로운 전환 기금이 신자유주의적 유럽의 경제구조, 에너지 자유화·민영화 정책 기조를 유지한 가운데, 탈석탄에 따른 산업계의 피해 보상을 중심으로 구성되기 때문이다. 이런 신자유주의적 정의로운 전환에 대해 유럽의 기후정의운동은 반발하고 있다.

하지만 변혁적인 정의로운 전환의 힘도 커지고 있다. 에너지 민주주의노조네트워크(TUED)를 중심으로, 사회적 대화가 아니라, 계급투쟁이나 사회적 권력을 중심에 두는 정의로운 전환을 모색하는 노동운동의 노력도 성장 중이다. 이들은 에너지 산업의 (재)공영화와 민주적 공공 소유를 중심에 두고 계획적으로 재생에너지를 확대하는 공공적 에너지 전환 방안, 사적 소유 자가용 중심의 교통 시스템을 공공 교통 중심으로 변화시켜 교통 수요를 획기적으로 감소시키는 교통 전환 방안 등을 제시하고 있다. 즉, 정의로운 전환이 가능하려면 자본과 노동의 권력관계가 뒤바뀌어야 하고, 민주적인 공공 소유를 중심으로 경제 시스템의 소유·운영 원리가 변화해야 한다는 것이다. 북미의 기후정의운동도 추출 경제에서 재생 경제로의 전환을 정의로운 전환이라고 일컬으며, 지역사회를 통한 경제 통제와 자산 및 작업장의 민주주의를 강조한다.

한국에서 정의로운 전환이라는 개념은 여전히 경합 중이다.

문재인 정부는 직업 교육과 일자리 알선, 기업에 대한 지원을 중심으로 공정 전환 정책을 제시하고 있다. 민주노총이 참여하지 않는 경제사회노동위원회를 통해 노사정 간의 사회적 대화를 추진하고 있다. 그러나 과거 구조조정 시기마다 발표된 이 정책은 작동하지 않았다. 고용과 소득이 기업에 달려 있어, 일자리가 곧 생존권인 노동자들에게 아무런 보장 없이 일자리 상실을 받아들이라는 대책은 대책이 될 수 없다. 기업 이윤을 위해 노동자를 쥐어짜는 노동 착취 구조, 민주노조를 탄압하는 노동 배제 구조를 그대로 두면 정의로운 전환은 불가능하다. 이런 비전 없이 사회적 대화를 강조하는 것은 불평등한 노동 체제를 전제로 한 대화, 즉 무의미한 대화로의 초대다.

　노동운동과 기후정의운동의 사회생태적 변혁을 추구하는 광범위하고도 변혁적인 정의로운 전환을 모색해야 한다. 민주적 공공 소유 중심의 경제와 모든 사람들에게 보장되는 기후 일자리를 축으로 한 정의로운 전환은 기후정의운동의 공동 요구가 될 수 있을 것이다. 기후위기의 폭과 넓이는 얕은 전환, 부분적인 전환을 허락하지 않는다.

테제 16.
기후위기 극복을 위해
순환경제로의 전면적인 전환이 필요하다.

자본주의의 선형경제는 지역 간, 국가 간 불평등을 극대화한다. 제대로 분해되어, 자연계로 되돌려지지 못한 물질들은 자연생태계는 물론 다른 국가나 민족의 공간까지 침범하고 있다. 폐기물을 인간이 살지 않는 곳에 버리거나 다른 지역으로 이전하는 것은 책임을 회피하는 것일 뿐 근본적인 해결책이 될 수 없다. 모든 것은 어디론가 가게 되어 있고, 순환 구조의 한계를 넘어서 발생하는 물질은 반드시 어딘가에서 문제를 일으킨다. 그렇기 때문에 순환경제로의 전면적인 전환이 필요하다.

자연생태계에 쓰레기가 존재하지 않는 이유는 그 안의 모든 것은 죽으면 썩어서 재순환하여 다시 생태계 내부로 편입되며, 이러한 과정이 적절한 속도로 이루어지기 때문이다. 우리가 나아가야 할 세상은 자본주의 시스템처럼 생산-소비-폐기로 단선적으로 종결되는 것이 아니라, 자연생태계의 원리처럼 생산-소비-분해 후 다시 생산으로 이어지는 순환 구조에 기초를 둔 사회이다. 자본주의 사회는 이윤을 창출하는 상품을 '생산'하고 '소비'하는 과정에는 많은 자원과 인력을 투입하였지만, 그 과정에서 발생하는 부산물이나 폐기물을 제대로 자연에 돌려주는 '분해'의 과정을 생략하거나 대폭 축소하였다. 우리 사회에서 돌봄 노동이 그렇듯, 청소, 정화조, 하수도, 소각장 노동 등 '분해'의 영역과 관련된 노동이 우리 사회에서 부끄럽거나 마치 없는 것처럼 취급되는 상황은 이 점을 명확히 드러낸다.

지금까지 자본주의 사회에서 이윤을 극대화하는 것이 가장 중요한 기준이 되어 왔다면, 순환경제 사회에서는 모두의 가치 있는 삶과 지구생태계가 기준이 되어야 한다. 이를 위한 경제는 지구 시스템의 한계 내에서 우리에게 필요한 것들을 생산해야 하며, 더 적은 에너지와 물질 투입으로 생산하는 입력 관리 원칙을 준수해야 한다. 또한, 이 과정에서 폐기 과정을 고려해 자연적으로 분해 가능하지 않거나 생태계 위해도가 높은 물질의 사용을 금지하고, 가능한 한 지역 내에서 생산과 소비가 이루어지게 하여, 운송과 함께 냉장/냉동 등에 많은 에너지 소비를 동반하는 물질의 장거리 수송을 최소화해야 한다. 마지막으로 이 과정에서 발생하는 부산물과 폐기물 역시 지역 내에서 분해하여 자연으로 돌아가게 하는 것을 원칙으로 해야 한다.

현재 순환경제라는 이름으로 여러 방안들이 제시되고 있지만 순환경제로의 전면적인 전환과는 거리가 먼 것들이다. 한국에서는 폐기물 에너지화 사업은 순환경제라는 이름 아래 신재생에너지로 포장되었지만 폐기물의 품질 관리와 후처리, 배출 시설 관리 등에 대한 신뢰를 얻지 못한 채 지역에서는 소각장과 동일한 취급을 받으며 갈등을 양산하고 있다. 유럽에서는 폐기물이 상품이 되어 거래되고 있는 실정이다. 재활용도 만능은 아니다. 재활용을 위해 사용되는 에너지는 새롭게 만드는 데 필요한 에너지보다 큰 경우가 허다하며, 원재료 가격 변동에 따라 가장 먼저 재활용 자원을 내팽개치는 것이 자본의 논리다. 그 피해는 폐기물의 수집, 분류, 가공 등의 노동에 종사하는 빈곤 노인 등 저소득 계층과 해당 산업 노동자들에게 가장 먼저 전가된다. 이런 허구적 산업구조에서 일상생활에서의 재활용 실천은 개인에게 '재활용이 가능하기 때문에 마음껏 사용하고 버려도 된다'는 알리바이로 작용하기도 한다. 지각 있는 이들조차 그 위선에서 벗어나기란 쉽지 않다.

많은 과학자들은 기후위기 시대에 사회의 기초적 필요를 우선시하는 경제정책이 필요하다고 말한다. 하지만 이윤의 무한 확대를 목표로 삼는 지금의 자본주의 성장 체제는 '녹색'만 칠한 채 순환경제를 말하면서도 그 취지를 무색하게 만드는 과잉생산-과잉소비의 구조를 존속시키고 있다. 자본주의적 상품 미학과 광고는 끝없는 소비 욕망을 조장하고 기업들은 계획된 진부화 기법을 통해 의도적으로 내구성이 취약한 제품을 생산하고 새로운 유행을 만들어 기존 제품을 빨리 버리게 만든다. 소비자가 고장 난 상품을 고쳐 쓰고 싶어도 고쳐 쓰기 힘든 것은 우연이 아니다.

기후정의에 입각한 순환경제는 과잉생산과 과잉소비에 기반한 경제에서 사회적 필요에 기반한 경제로의 전환을 필요로 한다. 이런 순환경제는 재화의 설계에서부터 소재나 자재의 순환 가능성과 재이용 가능성을 고려하며, 한 번 생산한 물건은 오래 쓸 수 있도록 내구성을 높이고 수리권(right to repair)을 보장해야 한다. 동시에 폐기물의 처리 과정에서 축소되고 은폐되었던 '분해자' 노동과 이들이 겪어 왔던 재해와 부정의도 직시할 수 있어야 한다. 순환에 꼭 필요한 폐기를 최소화하고 폐기물 분해 과정이 수반하는 문제들을 드러내고, 여기에 필요한 노동의 사회·경제적 가치를 제대로 인정하고 노동자들의 안전과 인권을 보장하는 것은 순환경제의 필수적인 요소이다.

테제 17.
기후위기 해결은
국제주의와 평화-반군사주의와 연결되어 있다.

　탄소는 국경을 모른다. 세계 각국의 협력과 공조는 기후위기 극복에 필수적이다. 그러나 소위 '선진국'들의 자본주의적 헤게모니 아래 조직된 세계 질서는 지구적 연대와 공조, 평화 대신 착취와 기만, 대결만을 유지하고 있다. 정치, 경제, 사회적 권력을 쥔 이들은 국경을 넘어 '녹색 성장' 이데올로기로 단합한 채 지배와 착취를 지속할 방안을 모색하고 있는 반면, 세계 각국의 기후위기 최전선 민중과 공동체들은 아직 지구적 수준의 대항 권력을 형성하지 못하고 있다. 하지만 기후정의는 한 국가 차원에서 실현될 수 없으며, 불완전할 수밖에 없다. 따라서 평등과 연대, 평화의 가치에 기반한 국제주의를 추구하는 것이 절실하다.

기후정의의 국제주의는 남반구와 북반구 국가의 기후위기 최전선에 선 민중과 지역공동체들의 연대에 기초한다. 세계 자본주의 체제의 발전 과정에서 착취와 억압, 식민화의 대상이 되었던 남반구 국가들의 민중들은 북반구와 비교도 되지 않을 정도로 적은 양의 온실가스를 배출하고 있지만 배출로 인한 피해를 가장 크게 겪고 있다. 하지만 남반구 국가들은 여전히 북반구의 화석연료 기업의 채굴로 계속 착취당하고 있으며, 북반구의 오염 산업이 쏟아내는 폐기물의 처리장으로 오염되고 있다. 또 북반구의 온실가스 배출 상쇄를 위한 흡수원을 제공해 주는 공간으로 대상화, 타자화되고 있다. 기후위기의 예고편이라 일컫는 코로나19 팬데믹. 국경을 모르고 확산된 코로나19 팬데믹 상황에서 남반구는 2~3%대 백신 접종률에 머물러 있지만, 백신을 독점한 북반구 국가들은 심지어 3차 부스터 접종까지 추진하고 있다. 이런 '백신 제국주의'는 국제적 차원에서 기후정의를 실현하는 것이 얼마나 어려운 일인가를 보여준다. 그러나 아무리 험난한 길이라도 가지 않을 수 없다. 국제주의 없이 기후위기 해결은 불가능하며, 기후정의 실현도 요원하기 때문이다.

기후정의를 위한 국제주의는 군사주의와 양립할 수 없다. 전쟁과 군사주의는 기후위기를 악화시키는 핵심 원인 중 하나이다. 군대의 일상적인 운영, 군사훈련, 특히 전쟁을 통해 만들어지는 탄소 군화자국(carbon bootprint)은 엄청나다. 미국 군대의 배출량은 전 세계 140여 개 나라의 배출량보다 높은 순위에 있으며, 단일 기관으로 세계 그 어떤 화석연료 기업보다도 배출량이 크다. 브라운 대학 왓슨 연구소의 2019년 보고서에 의하면, 2001년 이후 미국 군대가 배출한 온실가스만도 12억 톤이며, 이중 전쟁 수행 과정에서 배출한 온실가스만도 4억 톤에 달한다. 미군의 배출량은 같은 기간 내연기관차 온실가스 배출량의 두 배에 이른다. 미국은 교통 부문 온실가스 배출량이 발전 부문이나 산업 부문보다 많은 나라라는 점을 참고하라. 한국의 경우 군대는 온실가스 배출량 통계에서 제외되어 있어 어느 정도의 배출이 일어나는지 알 수도 없는 상황인데, 정부는 이에 대해 아무런 계획도 없는 상황이다.

군대의 탄소 군화자국만큼이나 중요한 것은 기후위기를 대응하는 방안으로 군사주의가 동원될 가능성이다. 자본주의 경제에 화석연료를 비롯하여 재생에너지를 위해 필수적인 리튬 등의 다양한 지하자원을 안정적으로 채굴하고 운송하는 데 필요한 전략적 지역을 두고 군사적 긴장과 충돌이 지속되고 있다. 전쟁도 불사했던 강대국들의 석유 등 자원 확보 정책은 중국에는 대규모 온실가스 배출을 통해 기후위기에 기여하였다. 그런데 기후위기로 야기된 난민 유입과 식량 안보 등의 문제를 군사적으로 대응하려는 움직임이 드러나고 있다. 군사주의가 재생산하는 잠재적 무력 대결의 상황은 탄소 군화자국을 증대시킬 뿐만 아니라 연대와 지원이 필요한 기후 난민에 대한 통제와 억압, 살인으로 이어지기도 한다. 시리아 내전으로 수백만의 기후 난민이 발생하고 이들 중 수천 명이 바다와 국경을 건너려다 죽음에 이르는 현실을 경험했음에도, 최근미국과 호주, 유럽연합은 기후 난민의 이동을 군사적으로 막기위한 감시 기술과 군사 장비의 투자에 박차를 가하고 있다. 그러나 기후위기는 군사적인 수단이나 군사주의와 연동된 민족주의를 통해서는 극복될 수 없다. 오히려 군사주의가 낭비하고있는 자원을 기후위기 극복과 정의로운 사회체제 건설에 사용하는 것이 필요하다. 그 첫 단계로 각국 군대에 대해서도 투명한 온실가스 배출량 공개와 감축 의무를 부과해야 한다.

테제 18.
지금까지의 기후운동과는 다른
새로운 기후정의운동이 필요하다.

한국의 기후, 환경, 에너지 운동은 길게는 30여 년, 짧게는 지난 10여 년 동안 국제사회의 흐름에 발맞추어 기후위기 대응을 위한 활동을 벌여 왔다. 그러나 오늘날 더없이 심화되어 버린 기후위기 상황은 정부의 실패를 넘어 기후환경운동도 실패했음을 돌아보게 만든다. 문제는 다층적이다. 지금까지 한국의 기후환경운동은 대기업과 결탁한 정부의 성장주의 경제정책이 기후위기의 원인이라는 점에 대해 명확한 비판의 초점을 맞추지 못한 채, 정부와 기업의 그린워싱을 방조하고 풀뿌리 조직화를 등한시한 채 전문가와 소수 활동가를 통해 민관 협의 채널이나 언론 보도에 의지해 변화를 모색하는 운동 방식을 보여 왔다. 또한 오랜 경고에도 정부의 성장주의와 결별하지 못한 채 관전자의 모습을 보이던 한국의 대표적인 시민단체들과 노동조합 운동은 오늘에 이르러 기후위기의 심대한 영향과 정부 정책 방향의 문제점을 더 이상 부인할 수 없는 상황이 되자 우왕좌왕하고 있다. 지금에 와서 시민사회와 사회운동 내부에서 한국 정부의 기후 정책이 잘못되었다는 비판의 목소리가 커지고 있지만, 이런 현실에 대한 이들의 (그리고 우리의) 책임도 결코 작지 않다는 인식은, 우리가 새로운 기후정의운동의 깃발을 들어야만 하는 핵심적 이유이다.

2000년대 이후 주요 환경, 에너지, 기후운동 단체들과 개인들은 정부나 지자체의 정책 결정과 추진 과정에 영향력을 행사한다는 명목 하에 다양한 수준의 민관 협의 기구나 거버넌스에 참여해 왔다. 과거 시민사회의 독자적인 힘에 기반해 만들어 냈던 민관 합동 조사단을 통해 동강댐 건설을 저지하고 부안 핵폐기장 반대 투쟁 과정에서 민관 협의체를 만들어 핵폐기장을 저지했던 것과 같은 무시하지 못 할 성과들도 있었다. 그러나 이후 거버넌스가 확장되고 참여가 관성화되면서 기후환경 단체들은 정부의 하위 파트너 역할로 전락하는 대신 주목할 만한 성과들은 찾기 힘들어졌다. 급기야 문재인 정부 들어서 진행되었던 신고리 5, 6호기 공론화 과정은 거버넌스의 의제 설정 능력이 거세된 시민사회의 참여가 어떻게 정부 방침을 정당화해 주는 도구로 전락할 수 있는지 적나라하게 보여 주었고, 이로부터 배우지 못한 기후환경운동은 탄소중립위원회를 통해 똑같은 실패를 또다시 경험하고 있다.

이처럼 시민사회의 거버넌스 참여가 들러리로 전락하게 된 데에는 거버넌스에 참여하는 이들이 기후환경운동, 더 나아가 시민사회와의 유기적 연결을 가지지 못한 탓이 크다. 스스로 시민사회를 대표해서 거버넌스에 참여한다고는 하지만 이들이 과연 얼마만큼 시민사회를 대표하고 있는 것인지, 어떤 절차를 통해 그 대표성을 부여 받았는지, 이들은 어떤 전략을 가지고 참여하는지, 이를 위해 시민사회와 얼마나 투명하게 소통하는지, 문제가 발생할 경우 시민사회에 대해 어느 정도의 책임성을 지니고 있는 것인지 등 시민사회 내의 민주주의와 투명성, 합의된 전략과 관련한 질문들은 제대로 논의된 적이 없었다. 대신 거버넌스 참여를 통해 획득된 정보는 시민사회 내 위계 형성을 초래했고, 정부 관계자들과의 사적 네트워크를 통해 비공개적으로 이뤄지는 거버넌스 참여는 종종 개인의 명망이나 입신의 수단으로 사용되어 왔다. 정부와 일정한 거리를 유지함을 통해 힘을 발휘하는 시민사회가 이처럼 정부와 밀

접해지면서 정부에 대한 감시와 비판의 칼날은 무뎌질 수밖에 없다.

관행화된 거버넌스 참여는 동시에 전문가나 소수 활동가에 의존한 운동 방식을 고착시켰다. 거버넌스 기구에서의 논의에 필요한 전문적 지식이 가장 중요한 자원이 되다 보니 전문가 역할을 하는 '스타 활동가'의 역할이 두드러지게 되었다. 이들은 거버넌스 기구에 단골 위원의 역할을 하고 정부나 지자체, 거버넌스 기구의 재정 지원을 받은 연구 프로젝트와 토론회에 참여하면서 후배 활동가들의 롤 모델이 되며 '전문가 재생산'의 구조를 만들어 냈다. 이러는 가운데 폭넓은 참여를 조직하고 대중적 기반을 다지는 풀뿌리 사회운동이나 급진적 행동이 설 자리는 없어졌다. '운동'은 전문가의 발언이나 글, 논평 작성과 기자회견, 언론의 주목을 끌기 위한 퍼포먼스 등으로 이해되기 시작했고 대중과의 접촉은 일회성 강연이나 토론회 혹은 SNS 상의 지지 및 응원 관계로 축소되었다. 대중운동 지향의 약화는 많은 경우 단체 회원의 감소와 재정적 어려움을 낳았고, 이를 만회하기 위해 기후환경단체들은 다시 정부나 지자체, 거버넌스 기구, 심지어 기업들과의 협력 관계에 의존해야만 하는 상황을 벗어날 수 없게 되었다.

우리는 이와 같은 운동 방식에 대한 문제 제기가 오래 전부터 있었다는 데 주목한다. 2004년 11월 대부분의 환경단체가 참여해 광화문 단식 농성까지 진행하며 노무현 정부의 반환경적 정책을 규탄했던 환경비상시국회의는 아무런 성과도 없이 마무리되었는데, 당시 한 신문은 "환경단체들이 총동원돼 '비상시국'을 외치는데도 정부가 눈 하나 꿈쩍하지 않는 데는 환경단체들이 그만큼 얕보이도록 행동해 왔기 때문이 아닌가 돌아볼 일"이라 일침을 가했다("환경의 위기, 환경운동의 위기", 『한겨레』 2004. 12. 5). 그 후 몇 년간 '환경운동의 위기' 논쟁이 벌어지면서 반성과 성찰이 이야기되었지만 상황이 나아지기는커녕 오늘에 이르러 민주당 정부의 하위 파트너로 잘못된 정부 정책을 보완하려는 것 이상의 방향성을 보이지 못하고 있다.

우리는 이와 같은 과거 기후환경운동의 실패와 시민사회의 무관심에 대한 반성을 거울삼아 완전히 새로운 인식 틀과 정치적 방향, 전략과 전술을 무기로 삼는 기후정의운동을 제안한다. 우리의 기후정의운동은 전문가주의와 대중운동 약화의 악순환을 끊어 내고 아래로부터 조직된 풀뿌리의 힘을 무기 삼아 주류 권력의 거짓 해법과 대별되는, 기후정의에 입각한 담대한 비전을 대중과 소통하는 급진적 사회운동을 지향한다.

테제 19.
기후정의운동은 기후, 사회경제, 그리고 민주주의의 위기를 넘어서기 위해 투쟁한다.

코로나19 감염병의 장기화는 그 자체로도 위기였지만, 우리 사회가 그동안 얼마나 많은 위기 상황을 품고 살아왔는지를 드러내는 계기라는 의미에서도 중요하다. 정부의 감염병 대응이 경제성장 지표를 중심으로 이뤄지면서 대기업들에 대한 지원이 계속되는 사이, 한 사회가 공동체로 감당해야 할 수많은 문제들은 방기되었다. 초기 콜센터와 요양원에서의 집단 감염은 보호받지 못한 노동자들의 현실과 돌봄의 사각지대를 극명하게 보여 주었고, 소상공인과 자영업자들의 삶은 처참하게 무너져 내렸다. 허약한 공공의료 체계는 병상과 의료 인력이 턱없이 부족한 상황에서 살인적인 노동 강도를 감내해 낸 의료진의 눈물과 땀으로 지탱되었다. 그리고 IMF 위기를 넘어서는 실업률 증가 속에서 여성은 남성 보다 두 배가 넘는 속도로 일자리를 잃어야 했고, 청년 실업률은 10%에 육박하는 현실이 되었다. 이 모든 것들은, 우리의 노력이 없다면, 기후위기가 심화되면서 더욱 악화될 문제들이다.

우리가 지향하는 기후정의운동은 기후위기가 미래의 일이 아닌 현재 진행형인 위기라는 인식 아래 현재의 모순 구조에 대한 맹렬한 비판을 통해 새로운 가능성을 만들어 내는 운동이자, 체제 변화를 목적으로 삼는 운동이다. 그레타 툰베리를 비롯한 많은 기후정의운동가들이 말하듯, 코로나19 위기와 기후위기는 지금의 체제가 잘못 돌아갔기 때문에 만들어진 위기가 아니라, 디자인된 그대로 너무나 잘 돌아갔기 때문에 나타난 필연적 위기이다. 기후정의운동은 경제적, 계급계층적, 성적, 인종적, 지역적, 종 간 평등과 정의라는 의제들의 교차점을 찾아 부정의(injustice) 당사자들이 주체가 되고 에너지 민주주의의 원칙에 조응하는 완전히 새로운 전환의 경로를 그려 내야 한다. 기후정의운동이 추구하는 새로운 세계는 정부와 주류 사회의 담론과 정책 틀, 그 밑의 존재론적 인식론적 전제들에 대한 가차 없는 비판을 통해 가능하다. 기후정의운동은 제약 없는 상상력과 거대한 대중운동을 통해 현실에서 불가능해 보이는 것이 가장 현실적인 대안일 수밖에 없음을 설득하는 운동이다. 그러기 위해서는 무엇보다 현재의 수동적이고 수세적인 기후위기 대응 전선을 새롭게 구축해야 한다.

첫째, 기후정의운동은 정부가 제시하는 온실가스 감축 목표나 산업 전환의 계획을 좇아가며 온실가스 감축 목표를 강화하자는 싸움만이 아니라, 왜 지금의 체제에서 기후위기 대응이 불가능한지를 폭로하여 새로운 대안을 찾는다. 지금까지의 주류 기후운동은 정부와 자본이 만들어 낸 담론 틀과 프레임 안에서 문제점을 지적하거나 부분적인 개선책을 제시하였다. 아무리 선한 의도에서 나왔다 하더라도 이런 운동 방식은 기후위기 대응에 대한 정부와 자본의 주도권을 연장시키고 그들의 정당성을 강화하는 결과를 낳고 있다. 수십 년간 계속되었던 대기업 중심의 성장주의 체제는 무엇이 합리적인 정책인지에 대한 우리의 인식을 협소하게 만들고 상상력을 제약하고 있다. 기후위기 대응을 명분 삼아 기존의 지배적 패러다임인 시장주의, 성장주의, 기술주의에 녹색의 외피를 입히는 정부와 자본의 정책 방향은 기후위기와 불평등을 초래한 기존 체제를 연장하려는 시도일 뿐, 기후위기에 대한 진정한 해법이 될 수 없다는 점을 명확히 해야 한다. 이를 바탕으로 공존적·공공적인 사회연대에 기반한 새로운 생태적 평등 사회의 비전을 제시하고, 이러한 사회가 오늘날 지배적인 자본주의 및 성장주의와 양립할 수 없다는 것을 분명히 한다.

둘째, 기후정의운동은 기후위기가 생태 및 사회경제적 위기와 같은 뿌리를 가지고 있으며 그 한가운데에 자본주의 체제가 자리 잡고 있음을 분명히 말한다. 산업혁명 시기부터 급격하게 증가하기 시작한 대기 중 온실가스 농도는 같은 시기에 본격화한 생태 파괴와 인간에 의한 인간의 착취와 같은 궤적을 그려 왔다. 물론 지난 백여 년이 넘는 기간을 거치며 노동자, 민중, 일반 시민들의 투쟁을 통해 자연보호, 노동권, 보편 인권과 같은 개념이 자리 잡아 왔다. 그러나 주류적인 기후위기 담론이 '녹색 경영'이나 '탄소중립 휘발유' 따위로 대표되는 자본주의적 그린워싱과 같은 궤를 그리며, 생태 파괴는 대규모화되었고 '노동시장 유연화'를 통한 노동력 착취도 심화되었다. 기후정의운동은 인간과 자연환경이 관계 맺는 방식, 그리고 인간이 다른 인간과 관계를 맺는 방식이 자본의 논리에 따라 규정되고 있으며, 그 결과 공공재인 땅과 자연이 자본의 이윤을 위한 산업 부지로, 지대를 탐하는 부동산으로, 생명의 숨통을 옥죄는 공장식 축산 단지로 전락했고 인간을 포함한 지구 위 모든 생명이 대상화되고 착취당한다는 점을 강조한다. 특히, 위기의 근원에 자본주의가 있다는 수동적 인식에 머무르지 않고, 위기를 넘어서기 위해 자본주의를 타파하기 위한 적극적인 실천이 필요함을 주장한다. 그 첫걸음으로 오늘의 위기를 낳은 정부와 자본의 책임을 묻는 투쟁을 전개한다.

셋째, 기후정의운동은 오늘의 위기를 극복하기 위해 민주주의를 확장하기 위하여 싸운다. 민주주의는 몇 년에 한 번씩 있는 투표권 행사로 축소될 수 없는 사회 구성과 운영의 원리이다. 그러나 한국에서의 민주주의는 노동자 민중을, 동등한 위치에서 의사 결정에 참여하는 주체가 아니라 '포용'과 같은 선전 문구 아래 시혜의 대상으로 전락시킨다. 일부 '시민 참여'가 이루어진다고 하더라도, 노동자 민중들은 밀실에서 이미 결정된 안들 중에 하나를 선택할 것만을 강요받는다. '협치'를 내세워 시민사회 대표성도 없는 몇몇 전문가들을 단지 정부와 친분이 있다는 이유만으로 소위 '시민 위원'으로 삼아 민주적 절차성의 외피만 입히려는 시도가 계속되어 왔다. 또한 '의견 수렴'은 원자화된 시민을 전제하고 이들을 대상화하는 방식의 교육·홍보나 설문 조사, 돈을 매개로 한 아이디어나 사업 공모 따위로 대체되고 있다. 민주주의와 정치 과정의 절차적 정당성마저 자본주의적 시장 논리에 종속시킨 한국의 체제로는 기후생태위기를 막을 수 없다. 기후정의운동은 지금의 거짓 민주주의를 폭로하고 모든 당사자들의 민주적 권리가 확보·강화되며 이들이 주체가 된 민주적 절차와 과정을 요구한다.

테제 20.
기후정의운동은 대중운동에 기반한 기후정의동맹의 사회적 권력을 만드는 운동이다.

기후 부정의는 환경 부정의, 생태 부정의, 사회 부정의, 지역 간 부정의, 소수자 부정의, 생물종 간 부정의 등 모든 형태의 부정의(injustice)와 떨어져 있지 않으며, 부정의를 낳는 다양한 억압 구조는 하나로 연결되어 있다. 기후정의운동은 다양한 사회 부정의로 인해 고통 받는 당사자들이 중심이 된 아래로부터의 운동이자 아래로부터의 힘을 통해 지금의 비대칭적 사회적 권력관계를 근본적으로 바꾸려는 운동이다. 우리의 운동은 전통적인 기후운동이 포괄하지 못했던 다양한 부정의 당사자들 간의 연결, 정치적 공간 확보, 행동의 조직화와 세력화를 추구한다. 이를 위해 지금껏 주류 기후운동에서 주변화되었지만 기후위기 책임 세력의 대척점에 선 부정의 당사자들, 즉 노동자, 농민, 지역공동체, 여성, 청년, 빈민, 장애인, 성소수자, 이주자, 비인간 동물권 옹호자 등을 기후정의운동의 주체로 전면에 내세운다. 그리고 그들 사이의 연대를 강화하고 다양한 대안적인 실천의 연결을 도모한다. 기후정의운동은 이들의 목소리가 기후위기 대응의 중심축이 되어야 한다는 선언이고, 기후정의동맹은 이들을 주체로 세우는 기후정의운동의 방법론이자 조직화 전략이다.

한국 정부는 탄소중립을 말하고 민주주의와 포용을 말하면서도 석탄발전소나 신공항 건설, 생태 파괴에는 아랑곳없는 각종 토건개발 계획, 군사주의, 차별의 정상화를 계속 유지하고 있다. 자본의 배를 불리기 위한 위선적인 정책으로 수많은 기후위기 당사자들이 희생을 강요받고 있으며, 이에 대한 저항도 점점 거세지고 있다. 전국 곳곳에서 벌어지고 있는 민중투쟁에 연대하고 결합하는 것은 기후정의동맹 건설을 위한 첫걸음이다. 기후정의운동은 아래로부터의 투쟁들을 연결함으로써 우리 사회 구석구석의 모순과 억압 구조가 연결되어 있음을 드러내고, 이런 투쟁이 기후정의와 동떨어져 있는 것이 아님을 알려 내며, 그 힘을 바탕으로 기후정의 원칙에 입각한 기후위기 극복의 대안을 만들어 나가야 할 것이다.

　기후정의동맹을 위한 실천은 현실 투쟁에 결합하는 것을 넘어서, 일상의 공간에서 반드시 필요한 공공의 공간을 방어·확장하고 이로부터 수평적이고 공동체적인 관계성을 창조하는 노력을 포함한다. 코로나19 위기가 덮쳐 온 자리에, 가지지 못한 자들의 고통은 쉼터, 경로당, 어린이 보육 시설, 학교, 도서관 등 필수 시설들이 폐쇄되거나 제한된 서비스만을 제공하게 되면서 더 커졌다. 지금과 같이 외주화되거나 정부와 지자체의 수직적 통제와 관리를 통해 운영되는 이런 시설들은, 이제 지역 주민들의 공유재이자 나눔과 상호 돌봄, 다양한 상호부조 활동이 이루어지는 새로운 공동체의 공간이자 기후정의운동의 정치적 거점으로 재조명될 필요가 있다. 더불어 마을공동체, 지역의 사회적 경제조직, 에너지 협동조합, 도시 농업과 퍼머컬쳐를 비롯한 대안 먹거리 운동, 지역화폐 운동, 생츄어리 등 이미 진행되고 있으나 전통적인 사회운동의 영역 밖에 있는 것처럼 여겨 왔던 대안적 실천들과 결합함을 통해, 아래로부터의 공공적이고 평등한 기후위기 극복 방안과 새로운 사회상을 만들어 나가야 한다.

　당사자들 간의 연결과 연대는 풀뿌리 역량 강화와 권력 증대로 이어질 수 있는 다양한 프로그램의 기획을 필요로 한다. 몇

몇 발표자를 중심으로 진행된 기존 토론회나 강연 형식의 교육 보다는 각자의 삶에서 우러나오는 경험에 기반해 현실의 문제를 공유하고, 각각의 영역에서 도출되는 기후위기 극복의 방안과 경로들을 모색하며, 각자의 공간에서만 상상해 볼 수 있는 새로운 사회의 그림을 그려 보고 교류하는 '을'들의 스토리텔링 공간이 필요하다. 이를 통해 숨어 있는 기후위기 당사자들의 목소리를 공적 영역으로 불러내어 사회적 연대와 새로운 상상력의 원천으로 삼아야 한다. 이런 과정은 정부 정책을 통해 부여받은 탈플라스틱이나 분리수거 등의 일상적 실천과 정부 정책에 대한 수동적 지지의 역할을 넘어서는 당사자들의 재정체화를 목표로 삼아야 한다. 또한 다양한 상호부조와 연대의 프로그램, 대안적 실천들과 결합하여, 기후정의가 실현된 미래의 모습을 현실에서 만들어 가는 실천의 모습을 보여 줄 수 있어야 한다.

풀뿌리에서의 수평적 연대, 새로운 주체와 대안적 실천을 만들어 내기 위한 노력은 사회 변화를 위한 기초를 단단히 하는 것이지만, 사회 변화를 촉발하기 위해서는 더욱 다양한 방식의 비폭력 직접행동 및 시민불복종 운동과 결합해야 한다. 기존 기후운동은 정부와 자본의 거짓 해법과 정책에 맞서는 전선을 그리고 싸우기보다는 논평이나 성명서, 토론회나 기자회견,

로비와 같은 비대결적인 전술을 통해 압력을 만들어 내려고 했으나, 결국 정부와 자본에 지지부진 끌려 다니는 모습을 보여왔다. 그러나 최근 비폭력 시민불복종을 추구하는 기후정의 그룹들이 문제의 핵심을 부각시키고 책임자를 추궁하는 직접행동을 전개하기 시작했다. 이들의 불복종 행동은 비민주적이고 폐쇄적인 현재의 제도적 절차의 불가피한 결과이기도 하지만, 이로 인해 기후운동의 전선이 명료해지고 저항세력의 결집이 이뤄지는 등 새로운 정치적 공간도 열리고 있다. 선도적이면서도 참신한 직접행동 전술을 통해 이러한 공간을 확장하고, 이 공간에서 대안적 사회를 건설하는 연대와 실천이 이루어질 때, 기후정의운동은 사회적 권력을 형성할 수 있을 것이다.

기후정의선언 2021

초판 1쇄 발행 2021년 9월 13일
초판 2쇄 발행 2021년 10월 4일

지은이 기후정의포럼
펴낸이 오은지
책임편집 변홍철
편집 오은지 변우빈
펴낸곳 도서출판 한티재 | 등록 2010년 4월 12일 제2010-000010호
주소 42087 대구시 수성구 달구벌대로 492길 15
전화 053-743-8368 | 팩스 053-743-8367
전자우편 hantibooks@gmail.com | 블로그 blog.naver.com/hanti_books
한티재 온라인 책창고 hantijae-bookstore.com

ⓒ 기후정의포럼 2021
ISBN 979-11-90178-69-3 04300
ISBN 978-89-97090-40-2 (세트)